CASSAGNES-BEAUFORT-DE-MIRAMON.

✳

ROUERGUE & AUVERGNE

1060 – 1890

ATAVIS ET ARMIS

CASSAGNES-BEAUFORT-DE MIRAMON.

ROUERGUE ET AUVERGNE

1060 - 1890

CASSAGNES-BEAUFORT-DE-MIRAMON.

✱

ROUERGUE & AUVERGNE

1060-1890

ATAVIS ET ARMIS

CASSAGNES-BEAUFORT DE MIRAMON.

Princes-châtelains de Cassagnes (1060).

Barons de Miramon; seigneurs de Rinhac, Moyrasès, Le Cayla — XIme siècle.

Seigneurs des Crouzets et de Gotreux — XIVme siècle.

Barons de Veyrières et de Ceintrès — XVme siècle.

Barons du Cayla de Moyrasès; seigneurs de Flars, Servières, La Maurinie, Rodelle, Flanhac, La Seguinie, La Raffatie, Le Noguié, La Borie, La Coste, La Gellade, Valady, La Selve, Le Garric, Gralines, la Trécharie, Clauselles, Muralh, Cléravals, nobles et puissants hommes — XVIme siècle.

Seigneurs de Larguiez.

Hauts et puissants, très hauts et très puissants, très illustres messires et messeigneurs marquis de Miramon (1600).

Barons de Tajac; seigneurs de Cassagnes-Comtaux, de Rinhac et Taurines — en Rouergue.

Marquis de Pesteils (1650).

Marquis du Cayla (1669).

Comtes de Paulhac (1700).

Comtes de Miramon (1700).

Marquis de Cassanhes-Miramon (1768); barons de La Roque, de Giou, de Fouilholes et d'Yolet.

Seigneurs de La Salle, Bassignac, Montamat, Loubejeac, Antérieux, Le Chaumeil, Celles, La Calsade, Les Hormeaux, Maurèze, Le Cayre, La Fage, Neyrebrousse, Brezons, Cezens, Montréal, Las Doulours, Marfonds, Polminhac, Rocquecellier, Falguières, Saint-Clément, Féneirols, Teissières-les-Bouliès, etc. — en Haute-Auvergne.

Seigneurs de Balsac, Combadine, Rioumartin, Saint-Gérons, Gizaguet, Cocudon et Saint-Hérem — en Basse-Auvergne.

Seigneurs-barons de Landzer, seigneurs de La Hart, barons de la ville de Huningue — en Alsace.

Seigneurs de Ladaille, Baleine, Beaumont, Isserpent — en Bourbonnais.

Marquis de Saint-Anjeau.

Comtes de l'Empire (1808).

Les armes de la maison de Cassagnes-Beaufort sont : *d'azur au lion d'or armé et lampassé de gueule,* qui est de Cassagnes, *au cotice de gueule,* qui est de Beaufort. La devise est : ATAVIS ET ARMIS.

La branche aînée, établie à Paulhac, écartèle des armes de Chabannes. Elle a remplacé la vieille devise de famille par cette autre : « *Quod leo tenet bene tenet.* »

A Monsieur Anatole de CASSAGNES
de BEAUFORT, Marquis de MIRAMON-FARGUES.

Permettez, mon cher oncle, que j'inscrive votre nom en tête de cet opuscule. Cela vous est dû : car vous êtes le chef de notre branche et le possesseur de nos précieux papiers de famille. C'est à votre amabilité et à votre complaisance que je dois d'avoir pu consulter longuement nos archives et d'en avoir tiré la plupart des matériaux dont j'ai composé mon ouvrage. Mais votre meilleur titre est l'affection profonde que vos neveux ont pour vous et dont je suis heureux de vous donner ce témoignage.

Depuis longtemps déjà je voulais élever ce petit monument à la mémoire de nos ancêtres. S'ils n'ont pas été assez illustres pour mériter une renommée historique, j'estime que c'est pour nous, leurs descendants, une raison de plus d'arracher leurs noms à un oubli immérité. Ils sont en effet bien dignes de mémoire ces fiers chevaliers qui livrèrent tant de rudes combats, défendirent ou enfoncèrent tour à tour tant de places fortes, occupèrent des grades élevés dans la hiérarchie militaire et commandèrent plusieurs fois la noblesse de leur province; ces grands seigneurs alliés aux premières familles de la Monarchie, dont cinquante fiefs consacraient la puissance et que les rois appelaient à la cour auprès de leur personne. Dans leurs donjons escarpés ou dans leurs hôtels du Marais et du quartier Saint-Germain, sous l'épaisse armure d'acier ou sous l'habit de cour, ils auraient bien ri s'ils avaient pu voir dans l'avenir toutes les biographies et les notices qu'on écrit aujourd'hui sur des gens qui ne les valaient pas; mais ils se seraient étonnés aussi qu'aucun de leurs petits-fils ne songeât à faire revivre leur mémoire et à renouer à travers les âges la chaîne des traditions de famille. D'ailleurs dans notre siècle, où la noblesse n'est plus que le culte des souvenirs, il nous semble qu'en cherchant à les fixer et en les conservant précieusement, elle défend à juste titre le seul privilège qu'on n'ait pu lui enlever et dont à toute époque elle a le droit d'être fière. En outre c'est pour un homme un enseignement et une source de réflexions bien salutaires, lorsqu'en se retournant il peut voir ses aïeux qui lui tracent son devoir et l'avertissent de ne pas dégénérer; car on voit mieux où l'on va quand on sait d'où l'on vient.

Voilà pourquoi j'ai cherché à écrire une histoire de notre maison aussi complète que la rareté des documents me le permettait en évitant de mon mieux la sécheresse des tableaux généalogiques. J'ai fouillé scrupuleusement nos archives, lisant jusqu'au bout chaque pièce : car souvent un simple mot peut mettre sur la voie d'une découverte et révéler un fait inconnu : j'en ai fait plus d'une fois l'expérience. J'ai parcouru également des liasses de lettres écrites par votre grand'mère et par son père; enfin j'ai eu la chance de trouver dans une caisse contenant des objets de rebut, et surtout beaucoup de poussière, une foule de petites feuilles de papier éparses, toutes jaunies et chiffonnées, sur lesquelles votre arrière-grand-père avait écrit des notes fort intéressantes. J'ai appris en les consultant plusieurs traditions de famille dont je n'avais jamais entendu parler; j'y ai trouvé de nombreux renseignements sur la vie de nos ancêtres, leurs relations, leur parenté, leur fortune, leur situation, et sur le sort de plusieurs cadets dont nos archives ne nous permettent pas de suivre la carrière. D'ailleurs mes recherches ne se sont pas arrêtées à nos documents de famille : Je me suis adressé aux archivistes de Rodez, de Cahors et de Montauban et j'ai parcouru le pays entre Rodez et Villefranche pour chercher dans ces lieux, où ils ont vécu pendant six siècles, les traces des ancêtres de notre maison. Les bibliothèques de Paris, le cabinet des ordres, les vieux livres qui parlent de la province du Rouergue m'ont été également d'une grande utilité.

Malgré mes efforts cet ouvrage contient bien des lacunes et plusieurs points que j'ai dû laisser à demi dans l'ombre. Il est en effet fort difficile de réunir des documents dispersés un peu partout, que la Révolution a jetés aux quatre vents du ciel, lorsqu'elle ne les a pas livrés aux flammes. En outre nos aïeux ne se sont guère donné de peine pour nous faire connaître ce qu'ils ont fait et les emplois dont ils ont été revêtus. Avant d'avoir étudié de près leur histoire, je m'imaginais, je l'avoue, qu'ils n'avaient guère eu d'autres occupations que de vivre noblement dans leurs terres. Puis je me suis aperçu que, soit modestie, soit plutôt insouciance, ils négligeaient presque toujours de rappeler dans les actes les titres et dignités qui leur appartenaient. C'est par hasard, dans un document étranger, où il était fait mention de lui incidemment, que j'ai vu que tel ou tel avait été sénéchal, colonel ou gouverneur d'une ville. Même à des époques rapprochées de nous, votre arrière-grand-père, son père et ses oncles, dont nous savons de sources certaines, par des annuaires et des relations du temps, qu'ils ont été colonels, mestres de camps, etc., n'ont pas pris soin de nous conserver leurs brevets. Pendant cinq générations les aînés de notre maison ont été attachés à la personne du roi, en qualité de gentilshommes de sa chambre : et, cependant, à part une seule exception, il n'en est jamais fait mention ni dans leurs contrats de mariage, ni dans leurs testaments, ni dans aucun acte où ils figurent. C'est une particularité bizarre qui aurait pu me donner le change, si dans ce cas spécial je n'avais eu les brevets sous les yeux, mais qui dans d'autres circonstances m'a fait faire sans doute des omissions regrettables.

Il y a deux questions assez importantes que je n'ai pu résoudre d'une façon complètement satisfaisante :

La première concerne nos armes... Depuis quand les avons-nous ? et ont-elles toujours été les mêmes ? Je dois avouer que je n'ai trouvé à ce sujet aucun renseignement bien positif. Je crois cependant, mais sans preuve absolue, que nous les avons eues de tous temps et qu'elles n'ont jamais varié, sauf l'adjonction du cotice après l'alliance des Mancip-Beaufort. Sur quelques cheminées de la vieille forteresse du Cayla, actuellement en ruines, on aperçoit encore nos armes assez bien conservées : or, ce château était dans notre famille dès le XIᵉ siècle. Ce sont les mêmes qu'avait

sur son écu Bernard de Cassagnes, lorsqu'il accompagna
saint Louis dans les pays d'outre-mer. Enfin, au XIIᵉ siècle,
la famille de Rinhac, qui, pour plusieurs bonnes raisons,
semble avoir été un rameau de la nôtre, portait *d'azur au
lion d'or armé et lampassé de gueule.* Quant à notre devise,
je la crois moderne, parce que sa forme correcte la distingue profondément des devises primitives en patois ou de
composition gallo romaine, et parce qu'il y est parlé des
aïeux. Elle a du être prise par la maison de Cassagnes au
moment où celle-ci fit enregistrer ses armes.

La seconde question est relative à l'origine de notre
premier marquisat qui était assis sur le roc de Miramon et
dont le chef de notre maison prenait le titre dès le commencement du XVIIᵉ siècle. Vous trouverez ce sujet traité à la
fin de cet ouvrage, dans un chapitre spécial, où j'ai réuni
tous les renseignements qu'il m'a été possible de recueillir.

Dans les papiers de votre arrière-grand-père il est parlé
d'une tradition qui rattacherait notre race à celle des comtes
du Rouergue et de Toulouse. Cette tradition je l'ai rapportée
religieusement, m'efforçant de l'appuyer sur quelques
preuves et de montrer tout au moins qu'elle ne choque pas
la vraisemblance. D'ailleurs, pour avoir le droit d'être fière
de sa haute antiquité, notre maison n'a pas besoin de se
chercher une origine souveraine, puisque sa filiation
remonte à Rigald, frère de Hugon, vivant au début du XIᵉ
siècle, et qu'elle a fourni des combattants à la première
comme à la seconde croisade.

Pendant neuf cents ans elle s'est perpétuée sans une
tache à son blason, toujours armée pour le service du roi
et de son suzerain, et gardant à la foi catholique une fidélité
que ni les troubles de la Réforme, ni la philosophie épicu-
rienne et sceptique du XVIIIᵉ siècle ne purent ébranler.

Les recherches du XVIIᵉ siècle ne firent que confirmer
la pureté de sa noblesse : les juges d'armes reconnurent
son extraction chevaleresque ; et le président d'Hozier
disait dans une lettre que la maison de Cassagnes était du
nombre assez restreint de celles qu'il comptait admettre
dans son livre d'or de l'aristocratie française. Dans le rapport fait par M. d'Ormesson, lorsque le duc de Bourgogne
l'eut chargé de faire le dénombrement de la noblesse d'Auvergne, il est écrit : *La famille de Cassagnes-Miramon est*

haute et puissante et jouit d'une grande considération qu'elle doit à l'antiquité de sa race, à la grande fortune dont elle a toujours joui, à ses grandes et illustres alliances. Plus tard le roi Louis XV parlera *des vertus qui ont illustré notre maison et l'ont rendue aussi recommandable qu'elle est distinguée par son ancienneté, par les grands exemples qu'elle a donnés dans tous les temps et par ses illustres alliances.*

Notre maison n'a pas produit de grands hommes ; mais plusieurs de ses membres ont occupé des positions élevées. En feuilletant cette histoire vous trouverez une longue suite de chevaliers, à une époque où ce titre n'était pas un vain ornement, un général d'ordre, deux évêques, plusieurs abbés de grands monastères, un vicaire apostolique pourvu de bénéfices ecclésiastiques considérables; trois abbesses et cinq supérieures et prieures de couvents réguliers; un commandeur du Temple qui joua un rôle dans le procès de l'ordre; trois sénéchaux du Rouergue ou du Quercy; quatre gouverneurs de places importantes ; plusieurs capitaines ayant eu le commandement de fortes troupes, avant l'organisation de l'armée régulière, et depuis cette époque des colonels et deux officiers généraux; deux pages du roi, cinq gentilshommes de sa chambre, un commissaire du roi en Haute-Auvergne, un membre de l'Assemblée provinciale, représentant la noblesse d'Aurillac et de Saint-Flour; un préfet, chambellan de l'Empire, président du Conseil général de la Haute-Loire ; des chevaliers de l'ordre du Roi, de Malte, de Saint-Louis et de la Légion d'Honneur.

On trouvera peut-être que cette liste n'est pas bien longue et aurait pu être mieux remplie après neuf siècles d'existence ; mais il faut observer que nous sommes loin de posséder sur tous nos ancêtres des renseignements complets, et que notre famille n'a jamais été nombreuse. D'ailleurs nous aurions droit de répondre, comme le duc d'Uzès, que, si les nôtres ne sont pas parvenus aux premiers grades, c'est qu'ils sont morts trop jeunes sur les champs de bataille. En effet, depuis le xviie siècle, douze membres de notre famille, c'est-à-dire à peu près tous les cadets, ont été enlevés par des morts violentes aux espérances de brillantes carrières : et notre génération en a déploré en ces dernières années deux douloureux exemples.

Antiquité, haute situation, grandes alliances, tels sont les signes distinctifs de notre maison, auxquels il faut joindre son caractère essentiellement militaire : aussi toute son histoire peut-elle se résumer dans sa fière devise : « ATAVIS ET ARMIS. »

BERNARD,

Vte DE MIRAMON-FARGUES.

CASSAGNES[1]-BEAUFORT DE MIRAMON[2].

I.

La maison de CASSAGNES-BEAUFORT a et a eu de tous temps la prétention de se rattacher aux comtes du Rouergue, prétention qui ne repose sur aucune preuve formelle, mais sur de fortes probabilités, et qui, si elle n'est pas certaine, est du moins très vraisemblable. Car on ne saurait nier que la concordance des noms, des lieux et des dates, la similitude des positions, la participation fréquente de deux maisons aux mêmes actes de bienfaisance, accusant entre elles d'étroites relations et même des liens de parenté, enfin surtout la persistance d'une tradition qui se retrouve dans toutes les généalogies, les notes et les mémoires de famille, tout en n'ayant pas le caractère d'authenticité d'un testament, d'un contrat de mariage ou d'un écrit de ce genre, ne puissent avoir du moins la valeur d'une preuve morale qui excuse ou plutôt justifie la hardiesse des suppositions. Voilà pourquoi, si nous n'avons pas le droit d'affirmer, nous n'avons pas non plus celui de passer sous silence une tradition glorieuse pour notre famille ; mais nous devons au contraire montrer qu'elle s'appuie sur des raisons sérieuses et que les généalogistes l'ont consacrée par leurs recherches.

On ne s'étonnera donc pas de trouver au commencement de ce chapitre des détails principaux et nécessaires sur la race des comtes

---

(1) L'orthographe de ce nom a beaucoup varié. Dans les anciens titres latins ou patois, on trouve tour à tour *Cassaniensis, de Cassaneis, Cassaneas, Cassanh, Cassanhiis, Cassanhas.* De là est sortie, pour les actes écrits en français, l'orthographe *Cassanhes*, qui a été presqu'exclusivement employée jusqu'au XVIIIme siècle. A cette époque on se mit à écrire *Cassagnes, Cassagne et Cassaignes.* Nous nous en tenons à la première de ces trois façons d'écrire, comme à la plus rationnelle et à la plus usitée depuis un siècle et demi ; et nous l'employons exclusivement dans tout le courant de l'ouvrage, sans nous préoccuper de l'époque.

(2) Miramon s'est écrit aussi *Miramont, Miremon* et *Miremont.* Mais l'orthographe que nous adoptons dans cet ouvrage est celle qui a prévalu.

du Rouergue ; car il nous est permis de croire que son histoire est la nôtre, jusqu'au moment où de l'antique souche souveraine se détacha le rameau des seigneurs de Cassagnes.

Jusque vers 837, les comtes de Rouergue n'avaient été que bénéficiaires ou à vie. A cette époque l'hérédité de ces fonctions fut fixée dans la famille de Fulcoald à partir duquel la filiation n'est plus interrompue. Ce Fulcoald avait été commissaire de Louis le Débonnaire vers 837 sur les montagnes de Larzac, pour donner certains pâturages aux religieux de l'abbaye d'Aniane. Sa famille était très distinguée, comme le prouve le titre d'*homme illustre* qu'un auteur ancien donne à son fils Frédelon. Elle possédait de grands biens en Rouergue et en était probablement originaire. Fulcoald épousa Sénégonde, dont il eut deux fils, Frédelon et Raymond, qui occupèrent successivement après lui le comté de Rodez. Les descendants et héritiers de ces deux frères furent, jusqu'aux environs de l'an 1000, Bernard, Eudes ou Odon, Ermengaud le Magnifique, Raymond II et Raymond III. Au titre de comtes du Rouergue que leur avait légué leur ancêtre Fulcoald, ils joignirent ceux de comtes de Toulouse, de Quercy, d'Albigeois, de Gévaudan, de Nîmes et de Narbonne, de ducs d'Aquitaine, de m^is de Gothie et de Septimanie.

Raymond III, fils de Raymond II et de Berthe, fille de Hugues, roi de Provence et depuis d'Italie, remporta, l'an 985, une victoire signalée sur les Sarrasins dans le comté de Barcelonne, et mourut en 1010 dans le courant d'un voyage qu'il avait entrepris en Terre-Sainte. De son mariage avec Richarde ou Richilde, fille du vicomte de Narbonne, sa cousine, il eut un fils nommé Hugues, qui n'eut que deux filles : Berthe, comtesse du Rouergue, mariée au comte Robert d'Auvergne, et Foy, mariée à Bernard, v^te de Narbonne.

C'est de ce Raymond que descendraient, suivant les apparences, les auteurs de la maison de Cassagnes. En effet, dans un livre intitulé *Liber mirabilis*, qui se trouvait aux archives du vénérable chapitre de l'église collégiale de Conques, on a découvert deux chartes de 1060 et 1062, par lesquelles il paraît que Hugues ou Hugon et Rigald de Cassagnes, frères, désirant contribuer à la reconstruction d'un monastère qui existait autrefois entre les châteaux de Cassagnes et de Panat, donnèrent un cimetière, un champ, etc., avec tous leurs droits seigneuriaux, en l'honneur de Dieu, du St-Sépulcre et pour le repos de l'âme de leur père Raymond et de leur mère Richilde, Richelde ou Richarde.

Or, au commencement du siècle, la femme de Raymond, comte du Rouergue, s'appelait Richarde ou Richilde ; d'autre part, dans le premier acte de fondation, daté de 1060, il est dit que les deux frères n'étaient déjà plus jeunes : ce qui concorde parfaitement avec l'âge que devaient avoir à cette époque les enfants de Raymond, nés avant l'an 1000. De plus nous voyons que la comtesse Berthe et son mari Robert sont témoins dans cet acte, probablement comme parents. En effet, d'après notre supposition, Berthe aurait été nièce à la mode de Bretagne des deux frères Hugon et Rigald, comme petite-fille de Raymond. Enfin, dans un autre acte, il est dit que Hugues, comte du Rouergue, avait un frère nommé Hugon. On voit que les coïncidences s'accumulent et que, par le rapprochement de ces faits épars, nos conjectures sortent du vague pour prendre un corps. Il est très possible que cet Hugon, fils du comte de Rouergue, fut le même que celui qui nous occupe et auquel la charte de fondation donne d'ailleurs le titre de Prince. Il est vrai qu'il n'est nulle part question de Rigald. Mais de ce qu'un nom n'est pas cité dans un acte, où peut-être il n'y avait pas lieu d'en parler, doit-on nier l'existence de celui qui l'a porté? Il nous semble que ces deux frères sont trop étroitement unis l'un à l'autre par les liens du sang et par leur collaboration dans le bien, pour qu'on puisse les séparer, et que prouver pour l'un c'est prouver également pour l'autre.

II.

Mais, si notre hypothèse est juste, comment ces descendants d'une race puissante étaient-ils réduits à la co-propriété d'un simple fief? Remarquons d'abord que Cassagnes ne consistait pas seulement en un manoir, indivis entre deux frères : c'était le chef-lieu d'une châtellenie fort considérable, dont dépendaient en outre Rinhac, Moyrasès, Ceintrès, Miramon et leurs mandements (1). Or, on voit dans les actes des xive xve et xvie siècles, que le sénéchal du Rouergue s'intitulait aussi sénéchal de Rignac et de Moyrasès, montrant par là combien était grande l'importance de ces seigneuries, puisqu'elle leur valait d'être nommées à part. Le châtelain de Cassagnes était donc un très haut et très puissant personnage; et l'on peut d'ailleurs s'en rendre compte par la lecture de la charte rapportée dans le *Liber mirabilis*. En outre, il est plus que probable que les deux frères n'habitaient pas sous le même toit : car la châtellenie de Cassagnes renfermait un grand nombre de fortes et seigneuriales demeures, dont les ruines imposantes attestent encore aujourd'hui la grandeur de leurs antiques possesseurs. Enfin, non seulement je ne m'étonne pas de voir la châtellenie de Cassagnes devenir l'apanage des cadets des comtes de Rouergue, mais j'y vois une preuve de leur origine souveraine. Raymond III avait détaché une portion notable de ses possessions particulières pour la donner à ses fils, car Cassa-

(1) Archives du Domaine, à Montauban, et papiers de famille.

gnes faisait autrefois partie du domaine des comtes et avait reçu pour cela le surnom de *Cassagnes-Comtaux*.

C'est entre cette petite ville et Panat que se passèrent les faits racontés dans le cartulaire de Conques. Nous reproduisons ce récit en entier et dans toute sa naïveté, parce qu'il contient un tableau des mœurs de cette époque de foi et des souvenirs précieux pour nous.

« Depuis les commencements de la religion catholique des hommes respectables bâtissent au Seigneur des églises et des monastères, et les enrichissent de leurs biens et dignités. Mais l'iniquité venant à se répandre et la charité à se refroidir, on les néglige et, qui pis est, on les détruit. Mais les gens de bien multiplient les bonnes institutions, les sages relèvent les sages établissements, les gens religieux conservent et ornent tout ce qui appartient à la religion. Car l'homme moissonnera ce qu'il aura semé : s'il a semé dans la bénédiction, il recueillera des bénédictions et la vie éternelle.

« Anciennement il y eut un monastère, fondé en l'honneur de saint Pierre, apôtre, entre les châteaux de *Panat* et de *Cassagnes*. Mais l'ivraie venant à croître parmi le bon grain, il fut renversé et demeura longtemps dans l'état le plus déplorable. Tandis qu'il est plongé dans la tristesse et que personne ne vient le consoler dans son affliction, l'esprit de pèlerinage amena dans ces contrées un illustre personnage appelé *Albodène*, fils du roi Hérold, lequel, parti des extrémités de l'Angleterre, parcourait et visitait les Saints Lieux pour la sanctification de son âme. Ayant reçu l'hospitalité dans les châteaux nommés ci-dessus, il vint à ce monastère que les funestes progrès de l'iniquité avaient détruit. Là, il se prosterna en oraison, conjurant le souverain Maître du ciel et de la terre de lui pardonner ses crimes et ceux des siens. Ayant fini sa prière et s'étant relevé, il promena ses regards autour de lui et vit un vallon agréable, environné de montagnes, couvert de vignobles, de prairies et entrecoupé de ruisseaux. Après avoir contemplé ce beau spectacle, il songea en lui-même par quels moyens, avec quelles ressources, par quelle voie, comment il rétablirait ce monastère. Il monta ensuite au château, réfléchissant nuit et jour sur la manière dont il commencerait son entreprise. Tandis que son esprit flotte dans le doute, il aborde humblement les seigneurs du pays, les engage à affermir ce qui avait été ébranlé, et à rétablir le monastère. Les seigneurs, ayant entendu la proposition de cet homme généreux, la saisirent avec joie, s'écriant que rien n'était plus beau ni plus juste. Les Princes, châtelains de Cassagnes, ainsi que leurs hommes d'armes, chefs et soldats, les pauvres et les riches, les nobles et les roturiers, les hommes et les femmes, tout le monde fut de l'avis d'Albodène. Ils le prièrent en même temps de leur donner quelqu'un en état de former à l'amour de la religion et de la piété ceux qui se consacreraient au service de Dieu. Albodène sachant que personne n'était plus capable de se charger d'un pareil fardeau que messire Amblard, abbé du monastère de Brantosin, le proposa aux seigneurs. Ceux-ci l'acceptèrent avec joie et donnèrent leur consentement par écrit. Amblard ayant examiné la difficulté des chemins et la longueur de la route, tint conseil avec ses moines. Craignant qu'Albodène ne lui fît un crime de son refus, il résolut de faire, avec Odolric, abbé de Conques, échange de son monastère, et lui écrivit à ce sujet. Celui-ci consentit à la demande d'Amblard et lui donna en échange une maison de campagne que le monastère possédait dans le bourg de Vialme et qui s'appelle Combariaque. Mais Amblard, après avoir examiné ce qui lui serait plus avantageux, aima mieux avoir la valeur de l'échange en argent et il reçut quatre-vingt-dix sols, avec une très bonne mule. Ses moines ayant pris les reliques, leurs manteaux, leurs habits sacerdotaux, leurs livres et tout ce qui leur appartenait, sortirent du couvent, laissant à Odolric le contrat d'échange. Les seigneurs dont nous avons parlé, soutenus de la faveur du peuple, donnèrent l'église de St-Pierre, qui est entre les châteaux de Cassagnes et de Panat, à la condition qu'en tous temps l'abbé de Conques l'aura sous sa direction, de la main du pape, et payera annuellement à St-Pierre de Rome le cens d'un mouton d'or. Cet arrangement ayant plu à Hugon de Cassagnes et à son frère Rigald, ils donnèrent en outre tout ce qu'ils possédaient dans ce lieu, ne se réservant aucun droit, ni eux, ni leurs vassaux, pour le salut de leur âme et de celle de leur père *Raymond* et de leur mère *Richarde*. Les seigneurs de Panat donnèrent aussi la dîme du même mas et l'usufruit de tout ce qu'ils y possédaient. Les chevaliers vassaux des deux châteaux achetèrent le droit de sépulture ; les femmes nobles donnèrent la dixième partie du prix de leurs chevaux et de leurs mules. Les seigneurs des deux châteaux confirmèrent par serment les écrits ci-dessus, et leurs chevaliers en firent autant. Ils arrêtèrent que leurs enfants feraient le même serment, soit pendant la vie, soit après la mort de leur père, sous peine, s'ils y manquaient, d'être exclus de l'héritage de leurs parents, à l'exception d'un seul fonds de terre, auquel ils pourront prétendre. Ils promirent encore de ne jamais attaquer ni dans le monastère, ni dans le bourg, ni dans les maisons attenant le monastère, aucun homme, ni aucune femme, soit pour leur donner la mort, soit pour les faire prisonniers ; ils promirent de ne pas enlever leurs biens, de ne faire aucune insulte aux hommes et aux femmes qui entreraient au marché, ou en sortiraient ; de plus ils établirent certaines personnes chargées de veiller à la défense de ce Saint Lieu, quand les moines les en avertiraient, dans le cas où l'on voudrait y commettre quelque violence.

« Fait l'an de l'Incarnation du Seigneur 1062 et celui de sa Passion 1029, sous le pontificat d'Alexandre et le règne de Philippe — et ont signé : S † la C^tosse Berthe, S † Pierre, évêque, S † Robert, comte, S † Hugon de Cassagnes et son frère Rigald, S † Deusdet de Panat, S † Rodoard, Garnier, Pons, Pierre, Hugon, moines et Deusdet, moine, qui a écrit. »

(Traduit du latin.)

C'est dans l'encadrement de ce récit tout inspiré de l'esprit de sacrifice et de l'héroïsme religieux qui va pousser par delà les mers les croisés chrétiens, où l'on retrouve la poésie naïve des vieilles légendes de saints, qu'apparaît pour la première fois le nom de Cassagnes; c'est par un acte de foi et de bienfaisance que cette famille prend pied dans l'histoire. Mais si la charte de Conques parle de sa piété et de sa générosité, elle témoigne encore hautement de sa puissance. Ce n'étaient pas de minces seigneurs, ces princes châtelains qui hébergeaient pendant plusieurs mois un hôte royal et vivaient avec lui sur le pied de l'égalité, qui prenaient pour témoins de leurs actes de munificence un évêque et deux souverains, représentants de la plus puissante et de la plus fière des races féodales, qui avaient pour la garde de leurs forteresses toute une armée de gens d'armes, chevaliers et écuyers, ainsi qu'en témoignent l'acte de 1062 et celui de 1060 : hauts suzerains dont les vassaux formaient comme un petit peuple où l'on voit gentilhommes et vilains se confondre dans un même sentiment de foi généreuse, et de nobles dames offrir à Dieu la dîme de leur luxe. Si le *Liber mirabilis* avait été plus explicite, s'il avait tenté de décrire la scène, au moment de la signature du contrat entre les moines et leurs bienfaiteurs, il eut certainement fixé le souvenir d'un spectacle imposant : Il nous eut montré au milieu de la poussière soulevée par de lourds escadrons, parmi des scintillements de lances et des envolées de bannières, les deux frères Hugon et Rigald s'avançant à la tête de leurs chevaliers et de leurs écuyers, qui étaient eux-mêmes de fiers seigneurs, issus de nobles et antiques races. Il nous les eut peut-être montrés, tandis qu'ils constituaient une garde pour la défense de ce saint lieu, méditant déjà d'aller protéger des lieux mille fois plus sacrés à leur enthousiasme chrétien, dans ce pays d'outre-mer, où nous trouverons, très peu d'années après, un des leurs guerroyant pour la cause du Christ.

Hugon et Rigald eurent des enfants, puisque nous les voyons stipuler pour eux. Ils durent même en avoir plusieurs qui se partagèrent l'héritage paternel; car après la mort des deux frères nous ne retrouvons plus aucun personnage de leur nom, ayant une puissance comparable à la leur. De ces enfants, les uns conservèrent le nom du berceau de leur famille, et furent les ancêtres de tous ces Cassagnes, la plupart co-seigneurs de Cassagnes-Comtaux, demeurant dans le même coin du Rouergue, et qui nous sont connus par un grand nombre d'actes isolés à différentes époques. Il est probable même que les Cassagnes, qui ont longtemps existé dans le Quercy, pays voisin et dépendant du Rouergue, et dont on ignore absolument la généalogie, étaient des rameaux de cette même souche. D'autres fils de Hugon et de Rigald prirent le nom des fiefs qui leur échurent en partage ; ce furent probablement les mieux possessionnés. Ainsi celui qui eut Rignac fut le fondateur de la maison de ce nom. On lit, en effet, dans le résumé des jugements des intendants de Mon-

tauban pour la maintenue des familles nobles : « Il existait autrefois
« une très ancienne famille de Rignac, éteinte depuis fort longtemps,
« dont les auteurs possédaient dès le commencement du XIIᵉ siècle
« la terre et baronnie de ce nom, située à six lieues ouest de Rodez.
« Comme celle de Cassagnes cette maison portait *d'azur au lion
« -d'or, armé et lampassé de gueule* ». Nous pensons que la famille
de Miramon qui fut puissante à la même époque et disparut bientôt,
sans jamais avoir été bien connue, avait la même origine que celle de
Rignac. Sous le règne du roi Henry, c'est-à-dire fort peu d'années
avant la fameuse fondation mentionnée par le *Liber mirabilis*,
Rigald, seigneur de Miramon, faisait une donation à Odolric, abbé
de Conques, dont nous avons déjà parlé. Il nous semble que ce Rigald devait être le frère d'Hugon, et nous aimons à le reconnaître à
sa générosité. D'ailleurs il est bon de remarquer que si la charte de
Sᵗ-Pierre de Clairvaux parle à chaque instant de Hugues de Cassagnes et de son frère Rigald, elle ne dit jamais : « Rigald de Cassagnes » ; celui-ci n'avait conservé sans doute dans le mandement de
Cassagnes que des droits qui lui permettaient de prendre le titre de
co-seigneur ; il possédait ailleurs une seigneurie particulière qui
devait être Miramon. Ceci s'accorde du reste fort bien avec la tradition qui veut que notre famille ait été autrefois en possession de cette
place, et ait eu le droit d'y battre monnaie. Car c'est de Rigald que
nous descendons : l'un de ses fils, l'aîné sans doute, obtint Miramon,
dont lui et ses descendants s'approprièrent le nom ; l'autre, Guillaume, dont nous reparlerons tout à l'heure, parce qu'il forme un des
degrés de la généalogie, s'installa plus modestement dans le mandement de Moyrasès qu'il ne posséda peut-être même pas en entier, et
où sa postérité demeura jusqu'au XVIIᵉ siècle.

Nous venons de dire que le partage de l'immense succession de
Hugon et de Rigald avait nui à l'éclat de leur maison, en diminuant
la puissance de leurs héritiers. Peut-être aussi ne faut-il pas dédai-
gner complètement la tradition rapportée dans les notes laissées par
un de nos grands-pères et d'après laquelle la plupart des biens de la
maison de Cassagnes auraient été confisqués par les rois de France
au moment de l'annexion du Rouergue à la Couronne. Cette histoire
est évidemment fausse, car l'annexion eut lieu beaucoup plus tard et
fut toute pacifique. Mais comme au fond de toute légende se cache
une part de vérité, ne peut-on pas conjecturer de là que notre famille
eut beaucoup à souffrir de la guerre de succession qui désola le pays
vers la fin du XIᵉ siècle et recommença avec le siècle suivant. Les
Cassagnes, en effet, durent prendre parti pour l'un ou l'autre des
compétiteurs, à titre de vassaux ou peut-être même de parents.

La croisade ne fut probablement pas étrangère à l'abaissement de
notre famille. On sait en effet qu'à cette époque les seigneurs saisis

d'une véritable fièvre de dévouement religieux, engagèrent ou vendirent leurs biens pour se procurer l'argent nécessaire à leur voyage. Beaucoup même dans leur impatience du départ aliénèrent leurs domaines pour des sommes ridicules. Combien d'entre eux qui, rentrant dans leur patrie couverts de gloire, mais l'escarcelle vide, durent se loger dans un humble ¦manoir sous la protection des tours altières qui leur avaient appartenu jadis et qu'un roturier possédait maintenant! Les Cassagnes étaient-ils largement représentés parmi les cent mille combattants que leur suzerain menait à la première croisade? Nous ne le savons. Mais un d'eux, HUGUES, probablement fils de Hugon, était présent, à Tripoli, à la rédaction du testament du comte de Rouergue : coïncidence singulière, que nous ne pouvons expliquer que par des relations de famille entre les souverains du Rouergue et la maison de Cassagnes, et qui nous montre à chaque instant un membre d'une de ces deux familles requérant un représentant de l'autre pour lui servir de témoin dans un acte important.

A la même époque un autre fils de Hugon, PONS, souscrivait à une donation faite à l'abbaye de Moyssac par Foy, vicomtesse de Narbonne et fille de Hugues, comte de Rouergue.

III.

HUGON était évidemment l'aîné des deux frères. C'est lui qui conserva la terre principale et qui fut l'auteur commun de tous les Cassagnes que nous voyons dans les âges suivants se partager la coseigneurie de Cassagnes-Comtaux. Eut-il d'autres enfants que Hugues et Pons? Nous l'ignorons. Nous ne connaissons pas davantage ceux de Rigald, excepté GUILLAUME; encore savons-nous peu de choses sur son compte. Il avait épousé GALLIENNE de MONTLEZUN et possédait la seigneurie de Moyrasès où se trouvait le *Cayla* (1). Il eut sans doute plusieurs enfants, car son fils Charles paraît n'avoir eù en partage que le Cayla.

IV (2).

Avec CHARLES nous nous dégageons définitivement du vague pour mettre le pied sur un terrain connu et solide. C'est lui qui, en

(1) Archives de famille.

(2) Tous les degrés de la généalogie sont établis d'après les renseignements fournis par nos archives et par les travaux des généalogistes, confirmés pour la plupart et complétés par les archives de Séveirac, Caylus, Cardailhac, Saunhac, Mancip, Bournazel, etc., par les archives de Rodez, Toulouse, Montauban, Cahors et les archives nationales, par les ouvrages de dom Vayssette, de Mrs de Gaujal et de Barrau, et par une foule d'actes et d'écrits de provenance diverse.

fondant une branche et en la fixant au Cayla, fut le véritable auteur de notre famille. Il n'était selon toute apparence qu'un cadet, simple possesseur d'un arrière-fief, dont il ne songea pas à prendre le nom. On peut voir dans les *Documents historiques sur le Rouergue,* par de Barrau, article de Saunhac, que ce Charles était seigneur du Cayla ; mais rien ne nous indique qu'il ait eu d'autres terres. A vrai dire le château du Cayla, bâti au sommet des côteaux escarpés qui bordent l'Aveyron, était une belle et solide forteresse, dont la mouvance était considérable. Charles représente la famille au moment où l'antique patrimoine, dont il n'avait lui-même qu'une parcelle, se trouvait être le plus morcelé. Nous allons montrer sa descendance recouvrant peu à peu et par des mariages successifs, non pas les immenses territoires possédés par les premiers aïeux, mais du moins les seigneuries dont ils dépendaient.

Il épousa en 1111 HENRIETTE, fille de Guy de SAUNHAC et de Marguerite de FERRIÈRES, sœur de Raymond et de Hugues (1).

Cette maison de Saunhac, qui existe encore, réunit tous les avantages qui caractérisent la noblesse de premier ordre : une ancienneté qui la fait remonter aux premiers siècles de la chevalerie, une filiation suivie de près de huit siècles, un vasselage considérable, de nombreuses possessions féodales, des emplois éminents et de hautes alliances. Parmi les grands hommes qu'elle a produits, je ne citerai que Guillaume qui dès 1200 fut grand-maître des Templiers et trouva à la Massourah une mort glorieuse, à la tête des chevaliers de son ordre. Nous reverrons, du reste, plus tard, ce nom de Saunhac, mêlé à l'histoire de notre famille, quand Jean de Cassagnes se sera allié aux Mancip-Beaufort.

De son mariage Charles eut trois enfants :

1º ARCAMBAL, qui continue la filiation ;

2º GUILLAUME, abbé du monastère de Conques, reçut en 1179 de Hugues, évêque de Rodez, un hôpital sur la route qui mène à Rocamadour (2) ;

3º BALIÈNE, abbesse d'un monastère de Rodez (3).

V.

ARCAMBAL nous est peu connu ; mais nous savons d'une façon positive que sa femme s'appelait Domestique, fille de Robert d'ALBIN ou d'AUBIN, seigneur du Verdié (1145) (4).

(1) Archives du Rouergue et papiers de famille.
(2) Dom Vayssette.
(3) Archives de famille.
(4) Papiers de famille.

A partir d'Arcambal, la branche de la maison de Cassagnes, dont nous sommes issus, semble s'être confinée pendant plusieurs siècles dans son manoir escarpé. Car nous ne la trouvons que rarement mêlée à l'histoire de la province; et les quelques hommes marquants qu'elle a produits étaient pour la plupart des cadets ou fils de cadets qui avaient dû quitter le foyer paternel. Ce n'est pas que les Cassagnes eussent éprouvé des revers et ne fussent plus en état de soutenir leur rang, car ils s'unirent toujours aux maisons les plus anciennes et les plus considérables du pays, mais, restant beaucoup chez eux, ils n'avaient qu'un cercle de relations assez restreint. Aussi les voyons-nous épouser le plus souvent les filles des châtelains des environs, et je ne crois pas que jusqu'au XVIᵉ siècle ils aient pris femme hors du Rouergue. Bien plus, en moins de trois siècles, ils s'allièrent trois fois à la même famille, et presque toujours quelques liens de parenté existaient entre eux et leurs futures.

Notre maison accrut peu à peu ses possessions et sa notoriété; mais son développement fut lent, et il fallut pour qu'elle sortît de l'ornière et reprît éclat et puissance, qu'Antoine épousât, à la fin du XVIᵉ siècle, une étrangère, fille d'un seigneur de la cour et d'une Crussol d'Uzès.

La maison d'Albin, à laquelle appartenait la femme de Charles était d'origine féodale et possédait la petite ville d'Aubin, aujourd'hui chef-lieu de canton de l'Aveyron, dont elle a pris le nom. Dès les temps les plus reculés, elle était puissante, et dans des âges moins éloignés de nous elle a fourni, sous le nom de Valsergues, des sénéchaux au Rouergue.

Nous ne connaissons à Arcambal d'autre enfant que Charles qui suit :

VI.

CHARLES, deuxième du nom, épousa vers 1174 Esclamonde, fille de Jean de LA FARE (?) et de Marguerite de CORNEILHAN (1).

Nous n'avons pas trouvé de documents indiquant l'existence en Rouergue d'une famille de La Fare. Il est probable que Jean est désigné ainsi à cause de quelque seigneurie importante : Nous ne sommes du reste pas sûrs d'avoir lu bien exactement son nom. Les Corneilhan, auquel il s'était allié, ont été de tout temps, et particulièrement à cette époque, une maison très considérable. Marguerite était fille du vᵗᵉ Arnaud, dont les ancêtres apparaissent dès le VIIIᵉ siècle dans l'histoire.

(1) Papiers de famille.

Les descendants n'ont pas dégénéré, car ils ont fourni un grand maître de Malte, des gouverneurs de province, et, ce qui est rare, douze évêques ou archevêques.

Charles eut six enfants :

1° MÉRALDE, religieuse ;

2° BÉATRIX, femme de Jean de CASTELPERS, dont la sœur épousa Bertrand de Cassagnes ;

3° JEAN, qualifié d'écuyer ;

4° ALRIAS,
5° CHARLES, } dont on ignore la destinée ;

6° BERTRAND, qui forme le degré suivant.

VII.

BERTRAND épousa en 1203 très haute et noble Béatrix de CASTELPERS (1).

Il était chevalier, ainsi qu'on peut le voir dans un acte de 1251. A cette époque en effet Guy de Sévérac attaqua et réduisit en cendres le château de Palmas, de la manse épiscopale. Traitant ensuite avec l'évêque au sujet de cet attentat, il lui donna comme cautions Hugues de Bellevézé et Bertrand de Cassagnes du Cayla, chevaliers.

Or dans ce temps-là le titre de chevalier n'était pas un vain ornement dont se paraient les seigneurs de bonne maison. Tout gentilhomme, fût-il duc ou prince, devait l'avoir mérité par quelque action d'éclat. Il est donc probable que Bertrand prit part aux guerres de son époque et s'y comporta en vaillant et en preux. Son exemple anima sa postérité, car nous allons voir plusieurs de ses descendants revêtus de la même distinction ou occupant des charges importantes.

Le château de Palmas, à propos duquel il est parlé de Bertrand, jouera encore une fois un rôle dans l'histoire de la famille ; et peu s'en faudra que ce ne soit un rôle tragique. L'histoire du Rouergue nous apprend qu'au xv° siècle Béraud de Cassagnes, en guerre avec l'évêque de Rodez, se livra aux mêmes entreprises que Guy de Sévérac et dans le même lieu. Vaincu et forcé de fuir pour échapper au châtiment, il parvint cependant à rentrer en grâce auprès du prélat, qui était alors François d'Estaing.

Disons maintenant deux mots de cette maison de Castelpers qui, à une même génération, s'allia doublement à la nôtre. Son berceau fut la

(1) Archives de la maison de Cardailhac ; papiers de famille.

baronnie de son nom, qu'elle possédait aux époques les plus reculées de la féodalité; et les anciens actes de cette époque la représentent comme très puissante. Vers le XIVe siècle, son chef prenait le titre de vicomte. Elle a fourni une longue suite de sénéchaux du Rouergue et des hommes de guerre remarquables dont les noms appartiennent à 'histoire.

VIII.

BRENGUIER ou BÉRANGER, fut chevalier comme son père. Il est qualifié ainsi dans deux hommages différents au comte de Rodez, l'un comme co-seigneur de Salles-Comtaux et l'autre comme co-seigneur de Cassagnes où il possédait la basse justice.

Ainsi à cette génération notre famille reprenait pied dans les lieux d'où elle tirait son origine. Ce dernier acte en est la preuve; mais nous ne savons pas à quelle alliance elle devait ce retour à son berceau.

Brenguier épousa en 1235 GILBERTE, fille de Gallias, seigneur du CAYLA d'ARJAC, et de Catherine, que l'on pense avoir appartenu à la maison de MONTBOISSIER (1).

Brenguier se remaria et épousa la fille du seigneur de LA TOUR, dont il eut un fils : BERTRAND BÉRANGER, filleul de son grand-père Bertrand et qui fut le dernier abbé de Saint-Benoît de Castres; car après sa mort, en 1317, l'abbaye fut érigée en évêché (2).

Sa première femme lui avait donné plusieurs enfants :

1o PIERRE, d'abord frère mineur, qui devint évêque de Rodez (3);

2o ROBERT, dont on ignore la destinée;

3o GAILLARD épousa Jeanne de VALETTE, de la maison des vicomtes de Saint-Antonin, fille de Pierre, sénéchal de Périgord, qui accompagna saint Louis à la Terre-Sainte, et d'Algayette de Lévis-Mirepoix. Le grand-père de Jeanne était Jourdain de Valette, chevalier banneret, compagnon de Philippe-Auguste à la Croisade, qui avait épousé Esther, fille du comte de Foix et d'une princesse d'Aragon (4).

Gaillard eut des enfants; car nous savons que PIERRE, qui en 1383 fut élu général des Frères-Mineurs et les gouverna pendant deux ans, était son petit-fils. Mais nous n'avons pas d'autres rensei-

(1) Papiers de famille; hommage de la maison de Morlhon.

(2) Hommage des seigneurs de Salles-Comtaux. Tablettes de Castres.

(3) Archives de famille; dom Vayssette.

(4) Papiers de famille; généalogie de la maison de Valette; de Barrau.

gnements sur sa descendance, qui, sans doute, s'éteignit rapidement (1);

4° BERAUD qui continua la lignée;

5° JEAN entra dans l'ordre du Temple et devint commandeur de la *Nougarède*, près Pamiers. Il vivait à l'époque des persécutions dirigées contre les Templiers et fut même mêlé au fameux procès. Fleury, dans son histoire ecclésiastique, nous apprend qu'il fut interrogé à Carcassonne, et Dupuy cite cet interrogatoire qui est très curieux. Mais nous ne pouvons pas en reproduire les passages les plus saillants et les plus compromettants pour l'Ordre, quand même nous nous servirions des termes latins qu'emploie l'historien, sans doute d'après ce principe : que dans cette langue on peut brave l'honnêteté.

« Jean de Cassagnes *preceptor domus Templi de Nougareda*, près Pamiers, dit que, lorsqu'il fut reçu, on fit cette cérémonie : on lui envoya deux chevaliers qui lui demandèrent s'il voulait entrer dans l'Ordre. Répondit que c'était son intention. Après cela deux autres vinrent à lui, qui lui dirent : que ce qu'il entreprenait là était grand et qu'il était difficile d'endurer leur règle; qu'il n'en voyait que l'intérieur. Après cela on le fit entrer, se mit à genoux devant le Récepteur ou Supérieur qui tenait un livre; et étaient près de lui environ dix Frères, lui demanda ce qu'il désirait; dit qu'il désirait être de son Ordre. Lui fit mettre la main sur le livre; et lui fit jurer qu'il n'avait aucun empêchement, soit dettes, mariage ou servitude ailleurs : répondit que non. Après cela, ayant encore la main sur le livre, lui dit : il faut que vous promettiez à Dieu et à nous que vous serez obéissant, vivrez sans propre, garderez chasteté, et garderez les us et coutumes de l'Ordre, et que croyez en Dieu créateur qui n'est mort et ne mourra point : ce qu'il jura (ces paroles étaient à double entente). Après, le précepteur prit un manteau, qu'il mit sur le dit Jean; et lors un prêtre de l'Ordre lisait le psaume : *ecce quam bonum et jucundum*;............. Le Récepteur tira après d'une boîte une idole en vermeil en figure d'homme; le mit sur un coffre et dit ces mots : *Domini ecce unum amicum dei qui loquitur cum Deo, quando vult : qui referatis gratias, quod vos ad statum istum duxerit quem multo desideravistis et vestrum desiderium complevit.* Cela dit, ils l'adorèrent se mettant à genoux par trois fois, et à toutes les fois ils montraient le crucifix, *in signum ut ipsum penitus abnegarent*, et crachaient dessus..... Cette cérémonie achevée il fut mené ailleurs et fut revêtu des habits de l'Ordre et ramené au Supérieur qui lui enseigna comment il avait à se gouverner *in ecclesiâ, in militiâ, in*

(1) Chronologie des généraux de l'Ordre de Saint-François à Rome; archives de famille; dom Vayssette; archives nationales.

mensâ..... Le dit templier ajouta qu'un autre fut reçu avec lui de la même façon. Que l'an 1300, lors de la première indulgence, il fut à Rome où il se confessa au Pape; nomma pour témoins de cela Fredolum de Lobenchis, R. de Montelaura. Qu'il en a vu recevoir d'autres de la même façon. Fait à Carcassonne en 1307. »

Ces aveux furent-ils arrachés à Jean par la torture ou par les remords de sa conscience, l'histoire ne nous le dit pas. Nous ignorons même quel sort lui fut réservé : car nous n'avons pas vu son nom parmi ceux de ses confrères qui furent condamnés au suplice dans cette partie du Midi. Mais huit ans plus tard, en 1315, une liste que nous avons trouvée en note dans un des volumes de dom Vayssette sur le Languedoc, nous apprend qu'un humble religieux du nom de Jean de Cassagnes vivait alors dans l'abbaye de Saint-Benoît de Castre, que gouvernait Bertrand Béranger de Cassagnes. Peut-être était-ce l'ancien commandeur du Temple, refugié auprès de son frère pour y chercher un asile contre les persécutions et un lieu de pénitence.

Brenguier était contemporain de Bernard de Cassagnes, chevalier croisé qui accompagna saint Louis en Terre-Sainte, et dont le nom a été conservé grâce à un acte trouvé dans un cabinet de vieux titres appartenant à un M. Courtois. Cet acte est une quittance par laquelle plusieurs seigneurs du Rouergue reconnaissent avoir reçu de deux marchands génois deux cent trente livres tournois, sous la garantie de leur suzerain, Alphonse, comte de Poitiers et de Toulouse. Cet emprunt est fait à Saint-Jean-d'Acre, en juin 1250, à l'issue de la désastreuse expédition. Le roi de France, sorti de captivité, s'occupait à fortifier la ville ; mais la plupart des croisés, comprenant que tout était fini, sentaient naître en eux l'impatience du retour. Manquant de ressources, ils s'adressaient aux italiens et aux grecs qui avaient suivi de loin et sans s'y mêler cette expédition, pour en retirer tous les fruits. Et comme ces derniers seuls avaient gagné dans la sanglante partie, ils fournissaient généreusement, mais sous bonnes garanties, le viatique aux joueurs malheureux qui avaient engagé leur vie et souvent leur fortune pour ce qu'ils pensaient être uniquement la cause du Christ, mais qui, en réalité, était aussi la cause de quelques marchands.

Voici la copie de ce précieux parchemin :

« Notum sit universis quod nos Bernardus de Cassainiis, Johannes de Creusseyl, Guillelmus de Causac, Deodatus Bonafos et Radaphus de Panusio, milites, recepisse confitemur et recognoscimus habuisse a Dominico de Tellia et Marco Ciconia, mercatoribus Januensibus, ducentas et trigenta libras Turonenses, bonæ monetæ, quas per supradictos mercatores illustrissimus dominus, Alfonsus, comes Pictavensis et Tolosanus nobis mutuari fecit, sub obligatione omnium bonorum nostrorum ipsi domino comiti factà. De quibus ducentis et trigenta libris nos tenemus pro pagatis et contentis et prœfatos mercatores quitamus.

« Et ego, Bernardus de Cassainhiis, nomine supradictorum militum presentes litteras meo sigillo sigillavi. Actum apud Accon, anno domini millesimo ducentesimo quinquagesimo, mense Junii. »

Au dos de l'acte : « Quict B. de Cassainiis de CCXXX L T. MCCL. »

Au bas est suspendu le sceau du chevalier signataire, rattaché par une bandelette de parchemin.

Le titre est entre les mains du chef de la maison de la Panouse, dont un ancêtre était au nombre des emprunteurs. Une copie notariée et légalisée en a été faite en 1861, qui est actuellement dans les archives du marquis de Miramon-Fargues.

Bernard était chevalier : l'acte même l'indique; de plus ce devait être un homme de quelque importance puisqu'il emprunte au nom de plusieurs croisés de haute lignée, dont il était sans doute le plus marquant. Grâce au sceau apposé au bas du parchemin, nous savons de source certaine que Bernard était de notre famille. Ses armes sont en effet les mêmes que les nôtres. Et pour s'en convaincre, on n'a qu'à visiter à Versailles la troisième salle carrée du musée des croisades, où se trouve peint l'écusson de ce chevalier. Bernard avait épousé dame RIQUE DE PANAT (1) et devait être le fils de Béatrix de Castelpers et de Bertrand, celui de nos ascendants sur lequel nous possédons le moins de renseignements.

IX.

BÉRAUD, seigneur du *Cayla,* co-seigneur de *Cassagnes-Com-taux,* est qualifié de chevalier et de noble et puissant homme dans une citation pour se rendre à Rodez, faite en 1278 par l'évêque et le comte, aux principaux seigneurs de la province.

Lors de l'appel interjeté par le roi au futur concile au sujet de ses démêlés avec le pape Boniface VIII, Béraud de Cassagnes fut un de ceux qui signèrent l'acte d'adhésion de la noblesse du Rouergue, le 25 juillet 1303 (2).

Cette même année le roi ordonna aux barons et seigneurs du royaume de fournir la subvention par eux accordée pour la guerre de Flandre. La sommation porte que le sire de Cassagnes doit comparaître avec dix hommes d'armes (3).

(1) De Barrau.
(2) De Gaujal.
(3) De Gaujal.

En 1279 Béraud épousa Domestique, fille de Guillaume, chevalier, et de dame Bertrande de MOYRASÈS (1).

Cette alliance apporta à la maison de Cassagnes une partie de la seigneurie de Moyrasès. Par son fief du Cayla elle avait déjà des droits sur ce lieu. Bientôt elle réunira tout le mandement sous sa domination.

Du mariage de Beraud naquirent deux filles : L'une, GUILLEMETTE, fut religieuse ; l'autre, SYLVIE, épousa Guillaume de FERRIÈRE, dont le nom nous est déjà connu pour avoir été porté par la belle-mère de Charles Ier de Cassagnes. Elle fut la trisaïeule d'un sénéchal du Rouergue fort connu (2).

Beraud eut en outre trois fils : Brenguier, Guillaume et Pons, qui sont rappelés tous trois ensemble dans un hommage d'Olivier de Murat au comte de Rodez en 1323.

1º BRENGUIER, qui était l'aîné, est qualifié de noble et puissant homme dans un acte où il paraît comme exécuteur testamentaire de Pierre de Mirabel. Il fut sénéchal du Rouergue et exerça jusqu'à sa mort cette charge, la première de la province, et qui conférait à son titulaire le commandement de la noblesse. Il eut même à ce sujet un démêlé avec le comte de Rodez, Henry II (3). Celui-ci voulait mener ses vassaux en Guyenne, contre l'armée d'Edouard d'Angleterre, qui avait refusé de comparaître devant le Parlement où Philippe-le-Bel l'avait cité. Mais le sénéchal du Rouergue, qui avait reçu l'ordre de convoquer le ban et l'arrière-ban, prétendit que c'était à lui de réunir et de mener à la guerre toute la noblesse du pays. Après bien des contestations, le sénéchal s'inclina devant la réputation d'habile homme de guerre et de vaillant chevalier qu'Henry II avait méritée par ses exploits, mais il n'en maintint pas moins hautement ses droits. Les vassaux suivirent donc la bannière de leur suzerain. Mais la campagne ne fut pas heureuse : Il fallut reculer devant l'armée anglaise ; et le sénéchal Brenguier eut à déplorer la perte de son neveu BÉRARD, fils de son frère Pons, qui périt pendant cette expédition (4).

En 1328 Brenguier avait été présent en Flandre, à la bataille de Cassel,

Brenguier, dont la femme ne nous est pas connue, eut deux fils.

L'aîné, qui portait le même nom que son père, prend dans un acte le titre de capitaine de cent arbalétriers. Nous le trouvons, en

(1) Archives de famille. Archives de Cahors, donation par Guillemette à sa mère, veuve.

(2) Archives de famille.

(3) Dom Vayssette.

(4) Papiers de famille.

1373, gouverneur de Capdenac, qu'il défendit victorieusement contre les ennemis. Dans un brevet, où il est parlé de ses servicss, il est dit aussi qu'il était couvert de blessures. Il mourut, croyons-nous, vers 1380, sans alliance connue (1).

Son frère entra fort jeune dans les ordres et fut nommé en 1353 évêque du petit diocèse de Rieux, suffragant de celui de Toulouse. Nous ne connaissons aucun des actes de son administration, qui dura jusqu'en 1359 ; nous savons seulement qu'il contribua à la fondation du monastère de Salenques (2);

2° GUILLAUME, qui continua la descendance ;

3° PONS (3), prend le titre de co-seigneur de Cassagnes-Comtaux dans un hommage de 1323. Il possédait le tiers de la seigneurie, les deux autres tiers relevant des comtes de Rodez et du chapitre. Le 7 août de la même année, il fut témoin, ainsi que son fils BÉRARD, dans une donation de Bérangère, veuve d'Athon d'Urialaco. En 1341 il envoya six servants à la guerre de Gascogne, et est compris à ce titre dans le rôle des seigneurs ayant fourni des subsides cette année-là.

Sa fille Raymonde épousa Jean de MANCIP, fils de Brenguier, seigneur de Bournazel. Elle apporta à son mari les droits de son père sur Cassagnes-Comtaux ; car son frère Bérard était mort sans alliance. Jean habitait le manoir de *Flars* près de Rodez. Mais lorsque, par suite de son alliance, il eut hérité d'un des trois châteaux qui se partageaient la seigneurie de Cassagnes, il vint se fixer en ce lieu et lui donna le nom de son ancienne demeure. Sa descendance s'y perpétua encore pendant deux siècles et finit par accaparer la presque totalité du mandement des Cassagnes. Ainsi, pour la seconde fois, notre famille s'éloignait de son berceau, et ses biens patrimoniaux passaient par alliance dans une autre maison. Mais elle devait y revenir au XVI° siècle par le mariage d'un des siens avec l'héritière de la noble maison de Mancip.

X.

GUILLAUME n'était pas l'aîné et semble même, nous ne savons pour quelle raison, avoir été moins bien partagé dans la succession paternelle que son cadet, Pons. — Par son mariage en 1304, à l'âge de 22 ans, avec Méralde, fille de N. d'ALBIN et de Jeanne de la FRA-

(1) Archives du Rouergue.
(2) Cartulaire de Rieux aux archives de Toulouse.
(3) Archives de famille.

MONDIE (1), il fonda une branche qui devait, dès la fin du siècle, devenir la branche aînée, puisque les fils de Brenguier et de Pons moururent sans postérité, mais dont les débuts furent assez modestes.

Plusieurs hommages au comte de Rodez nous apprennent que Guillaume demeurait dans le mandement de Moyrasès, mais pas au château du Cayla, qui, sans doute appartenait à l'aîné, le sénéchal. Cet antique berceau de la famille ne devait cependant pas en sortir, et vers 1400, il était en possession de la descendance de Guillaume. Nous pensons qu'il avait été légué par Brenguier, fils du sénéchal, à Bérard II, fils de son cousin germain.

Guillaume eut trois filles et un fils :

SYBILLE, MARGUERITE, MÉRALDE, femme de Jean du VERDIÉ, et ARCAMBAL qui suit.

XI.

ARCAMBAL. — Guerroya longtemps sous la bannière de son seigneur Jean Ier d'Armagnac. Il s'enferma avec lui dans St-Omer assiégé par les Anglais et les Flamands et s'y comporta avec distinction, puisqu'il est rappelé par son souverain dans la liste « des braves qui « furent avec lui à St-Omer ». Nous ne savons s'il assistait la même année à la funeste bataille de Crécy. Rentré en Rouergue, où il ne tarda pas à se marier en 1351, il eut à lutter encore contre les Anglais, mais cette fois pour défendre ses foyers. L'armée d'Édouard venait en effet d'envahir la province et la résistance des seigneurs fut admirable. Elle se poursuivit avec acharnement, même après que le traité de Bretigny, en 1361, eût cédé le Rouergue à l'Angleterre. Les annales de cette époque sont pleines de récits héroïques; et pour sa part Arcambal eut à soutenir plus d'un assaut derrière les murailles du castel de Moyrasès, que l'on venait récemment de fortifier, pour en faire une des places de sûreté du pays.

En 1352 il était présent à Najac, à la réunion des États du Languedoc convoqués par le comte d'Armagnac, qui venait de déclarer la guerre au comte de Foix au sujet de la succession de Gaston de Moncade, seigneur du Béarn. La lutte fut terrible de part et d'autre et se termina par la défaite du comte de Rodez fait prisonnier avec 300 gentilhommes à Launhac, près de Toulouse. Le sire de Cassagnes était de ce nombre et dut payer une forte rançon (2). Pendant sa captivité, qui dura assez longtemps, les grandes compagnies s'emparèrent par ruse de sa forteresse de Moyrasès (3). Elles y étaient encore

(1) Papiers de famille ; archives de la maison de Séveirac.

(2) Archives de Toulouse.

(3) Archives nationales ; papiers relatifs à l'évêché de Rodez.

en 1375. Quant à Arcambal, nous ne savons ce qu'il était devenu.

Arcambal avait épousé Rigalde, sœur de Jean du Verdié, qui déjà était son beau-frère (1).

Nous pensons que ces du Verdié dont nous ne trouvons de traces nulle part, appartenaient à la maison d'Albin. Car nous savons que Robert, père de Domestique d'Albin, qui, au XII⁰ siècle devint la femme d'un autre Arcambal de Cassagnes, était seigneur du Verdié.

De cette union naquirent (2) :

1º Bertrand, qui continua la lignée ;

2º Jean, qui fit hommage au comte de Rodez, le 29 septembre 1379 pour son château de *Gotreux*, où il demeurait.

Jean dut former souche, car plus tard, dans un acte de 1451 paraît un Brenguier de Cassagnes, seigneur de *Gotreux*, et y habitant. Celui-ci fut sans doute le dernier de sa branche, comme aussi le seul dont nous ayons connaissance. En 1422 il donna quittance à Amalric de Séveirac, m^{al} de France, de cent francs pour ses gages militaires, à raison du service fait contre l'ennemi. En 1459, il fut témoin du mariage de Delphine de Cassagnes, fille de Jean, avec Louis de Montvallat ;

3º Robert, marié en 1381 à Héralie, fille de Raymond de Prévinquières et de Barbe de Creyssels, dont :

a. Bertrand, marié en 1406 à Marie, fille d'Hector de Fénélon, et de d^{elle} de Senezergues.

b. Jean, qui, en 1408, possédait des fiefs à Salles-Comtaux ;

4º Guyon, qui figure en 1380 et 1386 dans la montre et revue des chevaliers et hommes d'armes pour la défense du *Rouergue;*

5º Ricarde, femme de Raymond de Roquetaillade.

XII.

BERTRAND eut à lutter pendant toute sa jeunesse contre les Routiers qui détenaient Moyrasès et avaient fait de Miramon un des centres principaux de leurs excursions. Ces bandes qui ne vivaient que de pillage, étaient le fléau et la terreur du pays. Les États se réunirent à Rinhac, le 30 octobre 1381 et le 7 mars 1384, pour aviser aux moyens de purger la province de ces aventuriers. Bertrand assistait au moins à la seconde de ces réunions, dans lesquelles on décida qu'on rachèterait aux capitaines des compagnies les places qu'ils oc-

(1) Archives de famille.

(2) Papiers de famille ; hommages et quittances conservés aux archives de Rodez et de Montauban ; testament de dame Barbe de Creyssels, veuve; vente par le seigneur de Roquetaillade (Rupescissa).

cupaient. Geoffroy Tête-Noire, Mérigot-Marchès, Badesol et d'autres acceptèrent de s'éloigner moyennant deux cent cinquante mille livres. Quelques-uns refusèrent, entre autres le gouverneur de Miramon ; et ce n'est guère qu'en 1387 que le comte Jean III put les expulser par la force. Nous ne savons par quel moyen Bertrand rentra dans son castel de Moyrasès, s'il le racheta ou le reconquit. En tout cas, divers hommages de 1391 nous montrent qu'à cette époque il y demeurait.

La même année il accompagna au château de Gisors, en Normandie, le connétable d'Armagnac, son suzerain, qui allait rendre hommage au roi (1).

C'est du vivant de Bertrand que s'éteignit la descendance du sénéchal Brenguier de Cassagnes, et ce fut lui ou son fils qui recueillit l'héritage de la branche aînée. Il possédait en outre des fiefs dans la châtellenie de Salles, dans la paroisse de Valady et dans le mandement de Séveirac.

Il épousa sa cousine MÉRALDE D'ALBIN, fille de Robert, et sœur de puissant homme Gaillard d'Albin, chevalier, qui prit pour héritier son neveu, Bérard de Cassagnes (2).

C'était la troisième fois, peut-être la quatrième, que la famille à laquelle appartenait Méralde s'alliait à la nôtre. Mais ce devait être la dernière ; car elle s'éteignait peu après, en nous léguant la plus grande partie de ses biens. La branche des Valsergue, qui représenta dans la suite le nom d'Albin, était un rameau détaché depuis fort longtemps.

Les enfants de Bertrand furent :

1° BÉRARD, rapporté au degré suivant ;

2° GAILLARD, prêtre, prieur du prieuré de Glassac, au diocèse de Rodez. Il est qualifié dans un acte de très noble seigneur (3).

XIII.

BÉRARD, IIᵉ du nom, épousa en 1415 noble Gailharde, fille de Raoul de SAISSET (Saysset), du château de Veyrière, qui était le chef-lieu d'une des plus anciennes baronnies du pays (4).

Gailharde avait un frère, Jean, qui avait épousé plusieurs années auparavant Catherine d'Artaud et n'en avait pas d'enfants. Aussi Raoul de Saisset, au moment du mariage de sa fille, fit-il donation de

(1) Archives nationales.
(2) Archives de famille.
(3) Archives de famille.
(4) Archives de famille.

tous ses biens à son fils, à la condition qu'après la mort de celui-ci, ils feraient retour à Bérard de Cassagnes ou à sa postérité. En 1433, Jean de Saisset, se sentant malade, légua tous ses biens à son neveu Jean, fils de sa sœur Gailharde, stipulant toutefois que cette dernière en aurait l'usufruit. Il ne mourut qu'en 1439, et Gailharde donna alors procuration à son mari de recueillir cette hérédité, qui se composait, autant qu'il nous a été possible de le connaître par d'autres actes, de l'important château fort de Veyrières et de divers fiefs situés dans la baronnie de Séveirac et dans les châtellenies de Securo et de Ramo.

De son côté, Bérard, à l'occasion de son mariage, fut l'objet des largesses de sa mère, Maralde d'Albin, et de son frère, le prieur de Glassac. La première lui fit don de tous ses biens, ne se réservant que l'usufruit de la moitié ; le second lui céda tous ses droits sur l'hérédité de feu Bertrand, leur père.

De plus, Bérard avait été fait héritier par son oncle Gaillard d'Albin, chevalier, et possédait de ce chef les fiefs de La Selve, de Bosmetie, de Gralines, de La Trecharie et del Garric.

La maison de Saisset, à laquelle Béraud s'allia, était de haute et antique noblesse. Elle avait reçu en outre dans le siècle précédent une illustration historique. C'est à elle, en effet, qu'appartenait Bernard de Saisset, légat du Pape en France, qui se fit ordonner évêque de Pamiers malgré le roi Philippe le Bel et joua un si grand rôle dans la querelle de ce prince et du pape Boniface.

Bérard testa en 1465, laissant trois filles et deux fils. Deux des filles nous sont connues par un acte où elles sont simplement rappelées, sans qu'on indique leur nom. La troisième, Béatrix, devint la femme de Brenguier TRÉBOSC, seigneur de Séveyragol.

L'aîné des fils, du nom de JEAN, continua la postérité. Le second, PIERRE, épousa Jeanne d'ALBIGNAC, dont il n'eut pas d'enfant.

Bérard avait en outre un bâtard, nommé aussi JEAN, qui se fit prêtre. En 1445, son père, avec l'approbation de l'évêque de Rodez, lui fit collation d'une chapellenie, dont il était patron et à laquelle il avait le droit de nommer. Cette chapellenie, qui était une fondation de famille, avait des rentes importantes sur plusieurs villages.

XIV.

JEAN, *baron de Veyrières* (1), seigneur du Cayla de Moyrasès,

(1) Archives de famille ; de Barrau ; papiers de la maison de Cardailhac ; collation d'une chapellenie aux anciennes archives de Bonnecombe.

de Valady, La Selve, Bosmetie, Gralines, Le Garric, La Trécharie et autres places, épousa, en 1486, noble Souveraine, fille de Jean de Favars, du nom de La Garde.

Cette maison de La Garde portait *d'or à la tige de fève de sinople.* Elle possédait le château fort de Favars, dans la paroisse de Gaillac. On ignore quelle fut la part de Souveraine dans l'héritage paternel ; mais le château de famille ne lui échut pas : il fut porté en dot par sa sœur à Aymeric de Garceval, seigneur de Recoules.

Jean est qualifié dans un acte de puissant homme, messire de *Cassanhas de Cassaneis*, réunissant ainsi les deux formes sous lesquelles le nom de sa maison est le plus souvent écrit.

Il fut institué héritier en 1436 par sa sœur Béatrix et en 1470 par noble Jean de Cassagnes, prêtre, son frère naturel. Le testateur faisait en outre des legs à sa nièce Delphine, à son neveu Jean, à sa belle-sœur, Souveraine de Favars, et demandait à être enseveli dans le tombeau de ses ancêtres. Cet acte est curieux, parce qu'il nous montre clairement un trait de mœurs de cette époque où les bâtards des gentilshommes prenaient la qualification de nobles et, non seulement n'étaient pas reniés par la famille, mais y avaient en quelque sorte une place spéciale et comme à la suite. Un bâtard était pour les siens un demi-frère, du côté du père, *ex parte patris.*

Dans cet acte on voit encore que le seigneur du Cayla avait le patronage de l'église de Moyrasès.

Jean de Cassagnes eut deux fils et une fille :

1º Bérard ou Béraud, qui suit ;

2º Jean, qui paraît avoir été prêtre ;

3º Delphine, qui épousa en 1459 Louis de Montvallat, fils de Jean, seigneur du château de Cabrières, voisin de celui de Veyrières appartenant à la maison de Cassagnes. Delphine reçut en dot tous les biens provenant de l'hérédité des Saisset, situés dans la baronnie de Séveirac et les mandements de Securo et de Ramo. Les Montvallat, une des plus anciennes et des plus illustres maisons d'Auvergne, sont originaires des environs de Saint-Flour. Ils prenaient autrefois le titre de princes des hautes montagnes d'Auvergne et se sont toujours alliés aux familles les plus considérables : Castries, Apchon, Bourbon-Lavedan, La Rochefoucauld, Chabannes, etc. Louis, qui nous occupe, est qualifié de puissant seigneur, baron de Montvallat. Il eut comme témoin à son mariage Louis de Montvallat, son oncle, seigneur de Montvallat et de Luganhac, bailli des montagnes d'Auvergne ;

4º Marguerite, qui entra dans l'ordre des religieuses de Saint-Augustin et devint abbesse du monastère de Montsalvy.

XV.

BÉRAUD ou BÉRARD III, *baron de Ceintrès* et *de Veyrières,* se maria très jeune (1).

Le 30 juillet 1465, dans la salle haute du château du Caylar, paroisse de Moyrasès, fut signé son contrat de mariage avec noble Hélix, fille de haut et puissant homme, messire CAT ou de CROSAPEYRA, chevalier, seigneur de Cocural del Maynial, de Cayrac, de Réquistat, etc. La mère de Hélix, Hélène de CARLAT, appartenait à l'antique et puissante maison souveraine de ce nom. La nouvelle mariée avait une sœur, Gabrielle, qui avait épousé, cinq ans auparavant, Antoine de Solage, fils du baron de Tholet et auteur de la branche des v^tes de Saint-Jean ; en outre, sa cousine germaine, nommée également Gabrielle, était femme du baron de Panat. La maison de Cat était depuis des temps immémoriaux fixée dans les montagnes de La Guiole ; elle prétendait avoir une origine commune avec les Chapt ou Cat de Rastignac, en Auvergne, et descendre comme eux et les Chabannes des anciens souverains du Chabannais et de Bigorre.

Béraud avait acheté la baronnie de Ceintrès à ses cousins de Solages, auxquels le v^te d'Armagnac en avait fait don. Cette baronnie était une dépendance de la terre de Miramon qui, on s'en souvient, avait appartenu au premier auteur de la maison de Cassagnes. Béraud rentrait donc dans une petite portion des anciennes propriétés de sa famille ; mais ce n'était pas encore lui qui devait ravoir Miramon. En effet, cette seigneurie fut vendue vers la même époque par les Solages aux Maleville, qui la transmirent par alliance aux Faramond. Nous ne serions pas étonné que Béraud eût recédé en partie la terre de Ceintrès à ceux dont il l'avait acquise ; car, un siècle après, les Solages avaient encore des droits en ce lieu.

Béraud fut institué par son père légataire universel. — Il prit part aux guerres de son temps : car il fut plusieurs fois convoqué au ban et arrière-ban, et reçut même un jour cent dix francs de gages pour ses services faits contre l'ennemi en qualité de capitaine d'une compagnie de gens de pied.

Son caractère aventureux et batailleur nous est révélé par l'anecdote suivante, que rapporte le Père Beau dans son histoire de François d'Estaing et que confirme Bosc dans ses mémoires sur le Rouergue.

(1) Archives de famille ; de Barrau ; archives de l'évêché de Rodez ; titre de la maison de Solages ; archives existant dans l'église de Moyrasès avant la Révolution.

« Durant les trois ans que Charles de Tournon contesta l'élection du saint Évêque, quelques gentilshommes du Rouergue suivirent les intérêts de Charles et épousèrent sa querelle. L'un d'eux, Béraud de Cassa gnes, s'empara du château de Muret, un des plus forts et des mieux situés de toute la province. De là il faisait des courses sur le domaine des évêques et de ceux qui tenaient le parti de François. Surtout il s'en prenait aux terres, aux maisons, aux dîmeries du chapitre qui maintenait l'élection. Après la confirmation, le chapitre le poursuivit en justice, obtint divers arrêts contre lui, et même prise de corps. Tout allait au criminel, avec danger de perte universelle des biens, et même de la vie, à cause des excès, voleries, sacrilèges et meurtres commis par ses soldats et dont il était responsable à l'ordinaire. Ce gentilhomme, dans cet accessoire, eut recours à la débonnaireté du saint prélat, qui était alors dans son gouvernement du Comtat-Venaissin. Il va le trouver à Avignon, se jette à ses pieds, et lui fait connaître sa nécessité. Le bon seigneur le relève, l'embrasse avec des tendresses paternelles et lui promet son intercession envers le chapitre. Il le prie d'arrêter chez lui, pendant qu'il enverrait un exprès en Rouergue. Et, en effet, il députa au chapitre et à son frère, le comte d'Estaing, un gentilhomme avec des lettres si pressantes que la procédure criminelle cessa. Le chapitre consentit à la voie de douceur, et tout se passa à l'amiable. La bonté de l'évêque ne s'arrêta pas là. Il employa encore ce gentilhomme à la garde de ses places, et on le trouve en divers actes, depuis ce procès, gouverneur du château fort de Palmas et même de celui de Muret, d'où il faisait ses courses.»

Le château de Palmas et surtout celui de Muret, admirablement fortifiés par la nature et les travaux de défense exécutés tout autour, commandaient au loin la contrée et étaient le siège de petits gouvernements fort recherchés ; car nous voyons les seigneurs des plus illustres maisons revêtus de la dignité de capitaine de ces places. Ainsi cette aventure, qui avait failli être funeste à Béraud, tourna à son profit. A la suite de leur rencontre, l'évêque et le gentilhomme batailleur, qui l'avait combattu sans le connaître, se lièrent d'amitié. Béraud servit toujours avec zèle les intérêts de François d'Estaing et fut assez heureux pour le tirer un jour d'une fâcheuse aventure. En 1514, l'évêque s'était rendu au monastère de Conques pour adresser des remontrances aux religieux, qui se prétendaient exempts de la juridiction épiscopale. Les moines, dont la puissance était alors fort considérable en ce lieu, se montrèrent pleins d'arrogance et, voyant que la suite de François d'Estaing était peu nombreuse, ne tardèrent pas à employer la violence pour appuyer leurs prétentions. Les gens de l'évêque furent fortement maltraités, et lui-même, poursuivi à coups de pierres, fut saisi par les pâtres au service de l'abbaye. Heureusement qu'à ce moment Béraud de Cassagnes passait par

Conques, se rendant à Montsalvy. Apprenant ce qui se passe, il court dans un château du voisinage où un grand nombre de gentilshommes de la province étaient réunis pour le mariage de la fille du seigneur ; il leur persuade de le suivre, et, arrivant à l'improviste au milieu des moines surpris et d'ailleurs embarrassés de leur exploit, il les force à rendre leur prisonnier (1).

C'est sans doute pour remercier Béraud de ce service que François d'Estaing lui fit donner, en 1519, le commandement des troupes papales dans le Comtat-Venaissin. Le nouveau titulaire eut à peine le temps de prendre possession de sa charge ; car il mourut quelques mois après, à la fin de la même année (2).

Béraud laissa quatre enfants :

1° JEAN, qui continua la postérité ;

2° DELPHINE, l'aînée, qui ne se maria pas ;

3° GABRIELLE, femme, en 1484, de noble Pierre de BORSIGNAC, seigneur des Pradels. Pierre était l'unique rejeton d'une très ancienne famille, dont un membre fut choisi, au milieu du XIIe siècle, comme arbitre entre le comte et l'évêque de Rodez. Son grand-père avait été sénéchal du Rouergue ;

4° ANTOINETTE, mariée à noble Gilbert de BARRAU (1495).

XVI.

JEAN II, dit le *baron du Caylar* (3), noble et puissant homme, seigneur du Cayla, de Moyrasès, de Veyrières, de Flars, Servières, Rodelle, Flanhac, La Séguinie, La Maurinie, La Raffatie, Le Noguié, co-seigneur de Cassagnes-Comtaux et de Rignac ; seigneur de La Borie, de La Coste, de La Gellade, des Crozets, Valady, La Selve, Le Garric, Gralines, La Trécharie, Clauzelles, Muralh, Cleravals, etc.

Jean prit une part active aux guerres de son époque et servit plusieurs fois au ban et à l'arrière-ban. Il eut de bonne heure le commandement de cent arquebusiers (4) et reçut commission du roi et du cardinal d'Armagnac, « à cause des guerres, troubles et des entreprises des ennemis », de défendre avec sa troupe son château de Moyrasès.

(1) Papiers relatifs au monastère de Conques, archives nationales.

(2) Bibliothèque du Vatican ; hommage à l'évêque de Rodez.

(3) Titres de famille ; 2 hommages ; arrêt du Parlement ; codicile de Marie de Mancip.

(4) Montre des hommes d'armes et chevaliers du Rouergue, à Rodez en 1501.

La rareté des documents, le défaut d'organisation régulière dans l'armée, l'absence d'une hiérarchie militaire parfaitement réglée, font qu'il est difficile de suivre dans le cours de sa carrière un gentilhomme de cette époque. Excepté dans les compagnies d'ordonnance, s'il lui arrivait d'exercer un commandement, c'était une commission qui lui était confiée temporairement ou un droit qu'il s'était arrogé. Mais son titre ne lui appartenait pas, comme à nos officiers modernes; et il cessait de le porter en même temps qu'il cessait d'exercer l'emploi auquel ce titre était attaché.

Aussi ne savons-nous pas quels furent les degrés de la fortune de Jean de Cassagnes, ni en récompense de quels services il fut pourvu, par le roi de la capitainerie de Najac (1), charge importante qui était exercée aux environs de la Révolution par les ducs de Noailles. Le voyageur qui suit le chemin de fer de Villefranche du Rouergue à Toulouse est frappé de la position forte et hardie d'un château situé sur le point culminant d'une montagne dont l'énorme saillie vers l'Ouest force l'*Aveyron* à faire un long circuit avant de reprendre sa direction primitive. De loin on s'imagine découvrir le sommet d'un pic que couronne un gigantesque entassement de rochers; et de près l'on est étonné de trouver dans ce lointain pays de Rouergue un ouvrage que les Cyclopes grecs n'eussent pas renié : tant est grande l'épaisseur des tours et des murs d'enceinte que, ni le temps, ni les assauts, ni les efforts de la Révolution n'ont pu entamer! Ce château qui, de tous les monuments de l'ancien Rouergue, est sans contredit le plus imposant par sa masse, le plus considérable par sa force, c'est Najac, siège d'une ancienne châtellenie qui comprenait quatre-vingts paroisses. Tel fut le poste de retraite donné au baron du Cayla et qu'il conserva vraisemblablement jusqu'à la fin de sa vie. Le vieux guerrier, qui vivait encore en 1565, pouvait facilement, de ce lieu, surveiller ses nombreuses seigneuries et paraît avoir habité de préférence son « repaire » près Moyrasès. C'est là qu'il mourut après une existence agitée dont une des péripéties nous est connue.

Durant cette époque troublée par les dissensions religieuses, Jean était resté attaché à la foi catholique. Toutefois il ne se faisait pas grand scrupule (ce qui était, semble-t-il, un travers de famille) de s'en prendre aux biens d'église et particulièrement aux propriétés épiscopales. Les maisons de Saunhac et de Cassagnes étaient en démêlés avec l'évêque de Cahors, qui avait des propriétés voisines des leurs, à cause de son abbaye de Bonnecombes. Un jour, impatientés par les prétentions de leur voisin, et pensant terminer l'affaire par un coup d'audace, les trois frères Saunhac, Belcastel, Talespues et Jean de Cassagnes, leur cousin, envahirent à main armée les

_____

(1) Archives de Rodez; cour des Aides de Montauban.

maisons qui faisaient l'objet des contestations et y firent une razzia complète. Emportés par l'excès de leur ardeur, ils visitèrent même d'autres immeubles sur lesquels ils n'avaient sans contredit aucun droit. Jusque-là tout allait bien : et peut-être ne faisaient-ils que reprendre ce que leurs ancêtres avaient donné jadis aux moines de Bonnecombes. Mais l'évêque de Cahors n'admit pas cette circonstance atténuante. Il porta plainte au Parlement de Toulouse et, moins généreux que son confrère de Rodez, poursuivit vivement la condamnation des agresseurs. Le 2 mars 1528, le Parlement prononça contre eux la peine du bannissement. Mais nous ne pensons pas que la sentence ait reçu son exécution. Car les magistrats pouvaient bien lancer des arrêts ; mais il n'était pas facile, dans un pays aussi peu accessible que le Rouergue et hérissé de châteaux, d'exercer la contrainte contre des gentilshommes puissants et appuyés sur une parenté considérable. Peut-être y eut-il transaction. En tous cas, il ne paraît pas que ses entreprises contre les droits épiscopaux aient été aussi profitables à Jean qu'elles l'avaient été à son père et lui aient valu les faveurs de l'évêque de Cahors (1).

Jean acheta à Hélion de Laparra et à Gauzette de Roquetaillade, sa femme, le château et la seigneurie de *La Coste.*

Le 2 décembre 1512, au château de Moyrasès, fut signé son contrat de mariage avec GALLIENNE (ainsi nommée au baptême), ou MARIE (ainsi nommée à la confirmation par le révérend évêque de Rodez), fille d'Antoine de MASSIP ou MANCIP, seigneur de *Flars,* co-seigneur de *Cassagnes-Comtaux,* etc., et de noble dame Marie de SAUNHAC. — Témoins : pour la mariée, son frère Gaspard et le baron de Belcastel ; pour le marié, son oncle, le baron de Panat.

On décida qu'il ne pouvait être accordé à la jeune femme moins de quatre cents francs pour ses robes. Sa dot en argent se monta à six mille écus petits, valant vingt-huit sols pièce ; ce qui constituait une fort grosse somme pour l'époque.

Nous nous étendrons un peu sur cette alliance qui, outre une haute parenté et de nombreuses seigneuries, apporta à la maison de Cassagnes un nouveau nom à joindre au sien.

Qu'était-ce d'abord que la maison de Mancip ? Elle était originaire du Rouergue, mais avait émigré en Languedoc dès la fin du xie siècle. Cent ans plus tard elle reparaissait dans son pays natal, où elle possédait la belle seigneurie de Bournazel. Pierre II de Mancip, chevalier, un des seigneurs de la cour de Charles V, fut chargé par ce prince d'une ambassade auprès du roi d'Écosse, et par le Parlement de Paris de faire le procès contre Charles le Mauvais, roi de Navarre. Hugues, sénéchal de Toulouse, fut ambassadeur de Louis XI à Rome et en Bohême.

(1) Archives de Toulouse ; de Barrau ; papiers de famille.

La maison de Mancip était divisée en deux branches : celle des seigneurs de *Bournazel,* éteinte depuis dans les du Buisson-Mirabel ; celle des seigneurs de *Flars,* issue de Jean, fils de Brenguier Ier, seigneur de Bournazel.

Ce Jean avait épousé, comme nous l'avons déjà vu, Raymonde de Cassagnes, petite-fille de Béraud, seigneur du Cayla, et eut du chef de sa femme la co-seigneurie de Cassagnes-Comtaux, où il vint s'installer. Il donna an château dont il héritait en ce lieu le nom de Flars, en souvenir du manoir de famille dans lequel il était né. Sa postérité, qui finit par acquérir la plus grande partie de la seigneurie de Cassagnes, était représentée à la fin du xve siècle par Antoine de Mancip. Celui-ci n'eut que deux filles, dont l'une épousa le baron du Cayla, Jean de Cassagnes, et l'autre Jean de Glandières, seigneur de la Boissonade.

Marie de Saunhac, sa femme, dont nous connaissons déjà la famille, était fille de noble et puissant homme Jean, chevalier, baron de Belcastel, et d'Anne de Toulouse-Lautrec, fille du vicomte de Lautrec et de Montfa et d'Antoinette d'Apchier.

Le baron de Belcastel se remaria, et sa seconde femme fut Marie d'Astarac, fille d'égrège et puissant prince Jean, comte d'Astarac, et veuve de Charles d'Albret, qui eut la tête tranchée à Poitiers par ordre de Louis XI. De ce mariage naquirent : François de Saunhac, auteur de la branche de Fossat, éxistante, et de celle d'Ampiac ; Françoise, qui épousa Aldebert de Mandagot, chevalier, seigneur de Roquetaillade ; enfin, Jean III qui, de sa femme Hélène de *Rosset,* fille de noble Jacques et d'*Isabelle de Beaufort,* eut deux enfants : Clément de Saunhac, dont nous aurons l'occasion de parler, et Marie, femme de Jean de Morlhon, seigneur de Sauvensa, sénéchal du Rouergue. Clément de Saunhac et sa sœur Marie étaient donc cousins germains de Galliène de Mancip et de son mari, Jean de Cassagnes : ils leur étaient même doublement parents, ainsi que nous le verrons tout à l'heure.

Ces détails compliqués, et bien d'autres que nous donnerons encore, n'ont pas simplement pour but de faire connaître la brillante parenté apportée à la maison de Cassagnes par l'alliance des Mancip : ils sont nécessaires pour que l'on comprenne comment le nom et les biens de Beaufort passèrent dans notre famille.

L'histoire de ce nom de BEAUFORT est une véritable odyssée, tant il eut à subir de péripéties diverses dans le cours des âges, avant de trouver une race assez vivace pour le perpétuer. D'abord, si l'on en croit les traditions de famille, il est le même que celui porté aujourd'hui encore par les Turenne et les Canillac-Montboissier et qui appartint primitivement à l'illustre maison des Roger, d'où sont sortis deux papes, Clément VI et Grégoire XI. Les Roger le transmirent aux Canillac, qui le passèrent aux Montboissier, en vertu d'une substitution formellement établie dès l'origine. Mais, avant cette dernière transmission, le père du dernier des Canillac, Louis, comte d'Alais, vicomte de La Mothe, chevalier et chambellan du roi, avait eu une fille du nom de Delphine, mariée à un seigneur de Saint-André du Quercy, à la condition expresse que leurs descendants porteraient le nom de Beaufort. Cette tradition semble confirmée par le soin jaloux avec lequel les Saint-André, suivant l'exemple de leurs devanciers, s'efforcèrent de ne pas laisser périr un nom qui semble avoir longtemps porté malheur à ceux qui le relevaient. En outre, Delphine apporta à son mari la seigneurie de Saint-Laurent, que l'histoire nous apprend avoir été donnée à la génération précédente par le cardinal de Canillac à son neveu Marquis.

Quelle que soit la famille à laquelle appartenait Delphine, son existence n'est pas imaginaire, pas plus que son mariage avec un Saint-André. Ceci se passait au commencement du xve siècle; et la postérité de Delphine était représentée à la fin du même siècle par noble et puissant homme messire *Jacques de Beaufort,* chevalier. Celui-ci était seigneur de Flanhac, de la Séguinie et de Rodelle; il hérita, en outre, du fief de la Raffatie, qui lui fut donné par Bernard de Jourdain, et de l'antique forteresse de Servières. Le roi lui avait donné la capitainerie des châtellenies de Calvinet et de la Vinzelle. Sa sœur, Gaillarde, était la femme de *Guillaume de Mancip,* seigneur de Flars, père de celui qui épousa Marie de Saunhac, et par conséquent était la grand'mère de Galliène, épouse de Jean de Cassagnes.

Jacques testa à Calvinet le 9 décembre 1492, instituant héritière universelle de ses biens sa fille Isabelle, mariée à Jacques de *Rosset* et qui fut mère, comme nous l'avons vu, de la femme de Jean III de Saunhac-Belcastel.

Dans le même testament, il substitua à son héritière, au cas où la postérité de celle-ci s'éteindrait, *Antoine de Mancip,* fils de sa sœur, et les enfants de celui-ci, à la condition qu'ils prendraient le nom de Beaufort, « comme y ont été astreints tous les descendants de Delphine de Beaufort ».

Or, le petit-fils d'Isabelle de Rosset, Clément de Saunhac, marié à Hélène de Montbron, décéda sans postérité, en faisant sa femme héritière universelle de ses biens; mais un grand procès fut intenté à Hélène par les héritiers naturels du défunt; et un arrêt du Parlement, intervenu le 10 janvier 1564, régla les droits de chacun. Jean de Morlhon et sa femme eurent La Mothe, Salan et autres; à François, seigneur de Fossat, échurent Belcastel et le patrimoine ancien de ladite maison. Quant à Galliène de Mancip, femme de Jean de Cassagnes, qui revendiquait l'héritage des Beaufort, en vertu de la substitution établie par Jacques, elle eut en partage tous les biens qui avaient appartenu à ce dernier et à sa fille Isabelle, à charge par elle et ses successeurs de remplir la clause du testament.

Les Cassagnes relevèrent donc le nom de Beaufort en l'ajoutant à leur désignation patronymique. On trouve même deux actes dans lesquels le nouveau nom précède l'ancien ; mais l'appellation *Beaufort dit de Cassagnes* a été peu usitée à l'origine et ne se renouvela plus dans la suite. Grâce à cette petite complaisance, la maison de Cassagnes hérita de belles et nombreuses seigneuries : *Servières, Rodelle, Flanhac, La Séguinie, La Raffatie.*

Gallienne de Mancip apporta, en outre, à son mari le château de *Flars,* avec la co-seigneurie de *Cassagnes-Comtaux* et de *Rignac,* et les seigneuries de *La Borie,* de *La Gellade,* de *La Maurinie* et *del Noguié.* Sa tante, Françoise de Saunhac, veuve d'Adelbert de Mandagot, lui laissa sa succession ; et elle fut nommée par sa mère légataire universelle. Or, celle-ci se trouvait être héritière d'Antoine de Mancip, son mari. C'est pour cela que Gallienne put réclamer pour elle seule l'héritage des Beaufort, sans que sa sœur, mariée au seigneur de Glandières, entrât en ligne de compte.

Une disposition du testament de la mère de Galliène prouve bien la puissance et le grand état de la maison de Mancip, qui devait être désormais représentée par celle de Cassagnes. La testatrice veut, en effet, qu'il y ait cent prêtres à sa sépulture, autant à sa neuvaine, autant au bout de l'an ; et que son cercueil soit suivi de vingt pauvres de chaque sexe, habillés de noir et de bleu et portant des torches aux armes de Belcastel et de Flars ; elle ordonne ensuite de grandes aumônes, et fonde et dote richement une chapellenie à Cassagnes, se réservant à perpétuité pour elle et ses descendants le patronat et le droit de collation.

Jean II de Cassaignes et Galliène de Mancip eurent plusieurs enfants :

1° ANTOINE, qui suit ;

2° JEAN, mort jeune ;

3° HÉLÈNE, abbesse d'un couvent à Rodez ;

4° LOUISE, religieuse ;

5° HÉLÈNE, femme de noble Jean de ROQUEBLADE, seigneur du lieu en Gévaudan ;

6° ORÈTE,
7° FRANÇOISE, } rappelées dans le testament de leur grand'mère ;
8° MARIE,

9° CLÉMENS(1), filleul de son oncle le baron de Belcastel, seigneur des *Crozets,* de *La Borie,* de *La Gellade,* etc., épousa Anne d'AGENS de LOUPIAC, et mourut en 1603. C'est de lui, selon toutes probabilités,

(1) Titres de famille ; titres de Loupiac.

que descendait Françoise de Cassagnes, dame des Crozets, qui, en 1631, était cousine de Charles, marquis de Miramon.

Jean II avait eu, en outre, avant son mariage un fils naturel, dit le batard de Cassagnes, qui, en 1523, était une des cent lances des ordonnances du roi de Navarre (1).

Par son alliance avec celle de Mancip, la maison de Cassagnes fut apparentée étroitement avec les Saunhac-Belcastel, les Sévérac-Bédène, les Toulouse-Lautrec, les d'Apchier, les Saint-André, dont l'un, cousin germain de Jean II, fut chevalier de l'Ordre, les Morlhon, barons de Sauvensa, les Glandières, barons de Balsac revêtus de la même distinction, les Tubières, barons de Verfeil, et les du Buisson, marquis de Bournazel, qui donneront un beau-frère et un gendre au marquis Charles de Miramon.

XVII.

ANTOINE, chevalier, *sire-baron du Cayla, noble* et *puissant homme,* seigneur des mêmes lieux et places que son père (2).

Ce qui frappe tout d'abord quand on fait des recherches sur Antoine, c'est la diversité des noms sous lesquels il est désigné : tantôt c'est *Cassagnes* et tantôt *Beaufort,* parfois même c'est *Flars ;* le plus souvent il est appelé monsieur du *Quellat,* notamment à propos des charges importantes et des dignités qu'il obtint ; les désignations de sieur du *Caylar* et de baron du *Cayla* lui appartiennent encore ; enfin, nous le trouvons une fois décoré du surnom de sieur de *Miramon :* ce qui suppose qu'il acquit lui-même, nous ne savons par quelle voie, une partie de la terre dont son fils a tiré plus tard le titre de son marquisat.

Antoine était loin d'être l'aîné des enfants de Jean II de Cassagnes et ne naquit guère qu'après 17 ou 18 ans de mariage ; mais il fut institué par son père et par sa mère héritier universel.

Il entra de bonne heure au service et fut présent au ban et à l'arrière-ban en même temps que son père. Lorsque Clément de Saunhac fut appelé à la charge de capitaine de l'enseigne de l'arrière-ban, il confia à Antoine, son neveu, la lieutenance de ses arquebusiers, dont il se réserva toutefois le commandement en premier ; et celui-ci, retenu par cet emploi, dut fournir, pour le remplacer aux montres et revues de la noblesse du Rouergue, un gentilhomme nommé Villeneuve (3). Clément de Saunhac étant mort en 1563, son

(1) Papiers de famille ; montre à Rabastens.

(2) Archives de famille ; hommages à l'évêque de Rodez et au sire de Castelnau.

(3) Preuves à Malte.

neveu hérita de sa compagnie d'arquebusiers, et l'année suivante de son office de commandant de l'arrière-ban (1), tandis que les parents dudit neveu obtenaient, ainsi que nous l'avons vu, une bonne part de la succession du défunt. A partir de ce moment, nous perdons de vue Antoine, au moins en tant que soldat, jusqu'en 1574, époque à laquelle nous le trouvons commandant d'un corps de cavalerie (2) : il reçut alors l'ordre de s'emparer de Laroquebrou, en Auvergne, occupée par les compagnies anglaises, chassées de Murat. Bien plus tard (3), au mois de mai 1590, il se jeta avec quelques gentilshommes, entre autres MM. de Magalas, de Cous, de Peyrelade, de Balsac, de Saint-Igest, dans la ville de Rieupeyroux, pour la défendre contre les protestants, qui voulaient s'en emparer. Ceux-ci étaient commandés par le comte de Châtillon, qui fit reconnaître la place le 15 et ouvrit la tranchée le 20. Le comte de Rostinhac se joignit à eux avec des gens de pied et de cheval de M. de Ténières et des renforts venus de Figeac, Capdenac, Saint-Antonin, Montauban, La Guépie et autres lieux.

« Le samedi 26, dit une relation du temps, la basterie fut changée à la tour de la prison et rempart, auxquels furent tirés 107 coups de canon, de telle manière et façon que la tour fut ruinée, lequel jour baillèrent deux assauts bien rudement, desquels sont, par la grâce de Dieu, fort bien repoussés, et le soir avons chanté le *Te Deum laudamus.*

« Le lundi 28 se sont retournés bien moqués et étrillés. »

En effet, le soir de ce jour, après avoir investi la ville pendant 10 jours, donné 5 assauts, tiré 515 coups de canon, démoli la tour Saint-Antoine et celle de l'Horloge, fait aux remparts une brèche de plus de 100 mètres, l'ennemi fut forcé de déguerpir, ayant essuyé de grandes pertes. Le baron du Cayla et ses compagnons retirèrent beaucoup de gloire de cette belle défense.

Comment Antoine arriva-t-il à connaître Henri IV et à s'attirer l'amitié du Béarnais?

Nous ne saurions l'expliquer, car il resta toujours bon catholique, et tous les témoignages recueillis pour la réception de son fils à Malte lui rendent cette justice. Cependant il est constant par la date de trois lettres à lui écrites par Henry de Navarre, et dont une existe encore dans nos archives, qu'il connut ce prince à une époque où celui-ci était le chef du parti protestant et faisait la guerre au roi de France. Sans doute le roi huguenot et le gentilhomme catholique

(1) Rôle de la noblesse ; dénombrement par-devant le sire d'Estaing.

(2) Documents sur le Haut-Pays d'Auvergne, aux archives de Clermont ; titre recueilli dans la statistique du Cantal.

(3) Annales de Rieupeyroux ; titres de la maison de Balsac.

avaient eu occasion de se rencontrer dans les camps ou peut-être même à la cour, du temps que le Béarnais feignait d'être en bonnes relations avec son beau-frère. De cette rencontre étaient nés des sentiments d'affection d'une part et de respectueux dévouement de l'autre, qu'Henri IV ne nous laisse pas ignorer lorsqu'il termine sa lettre au sire du Cayla par ces mots : « *Votre meilleur et plus assuré ami.* » Il ne s'agissait du reste dans cette lettre que d'un service personnel réclamé, en dehors des divisions des partis, par le Béarnais, assuré que son message serait bien acccueilli du lieutenant général au gouvernement du Rouergue. Antoine exerçait en effet alors ces fonctions, tandis que Caylus était sénéchal (1). Il fut remplacé plus tard, on ne sait pourquoi, par La Devèse et Saunhac. La lettre même d'Henri IV nous expliquera suffisamment ce dont il était question.

« Mons du Quellat, ce porteur gentilhomme, que bien cognaissez, qui se nomme le capitaine Savary, s'est plaint à moi comme un nommé Galéas Maignarre, italien, sous ombre de huit cens livres que le feu seigneur de Marin, beau-père du dict Savary lui devait, s'est emparé de tous les biens dudit deffunct, seigneur de Marin, appartenant à sa femme et enfans, lesquels le dict Galéas a chassés, lorsqu'il estait party de sa maison pour aller en la France, et m'ayant faict entendre combien vous mestes affectionné et à lui et qu'avez moyen lui ayder à recouvrer ce qui lui appartient, je vous ay bien voulu faire ceste cy en sa faveur pour vous prier bien fort, monsieur du Quellat, de tenir la main à ce qu'il ne soit frustré du sien, ains qu'il y rentre soit par voie amiable, soit par la justice, faisant en sorte que je me puisse appercevoir que la lettre que je vous en écris et la prière que je vous fais ne luy ayt été inutile. Ce que je désire parce qu'il m'a faict service et à mon cousin monsieur le Prince, vous sçavez tout le droit que le dict capitaine Savary y a, et d'ou vient le dict différent avec le dit Galéas, ce qui me gardera de vous en dire davantage, si ce n'est que vous me trouverez toujours en bonne volonté de me revenger du plaisir que vous luy aurez faict, partout où l'occasion se présentera et où j'auray moyen, ce que masseurant que vous vouldrez faire, je prieray Dieu vous tenir monsieur du Quellat en sa très sainte garde et protection, de Tartas ce xxᵉ jour d'octobre 1583. Vʳᵉ *milleur et plus asseuré amy Henry.* »

Cette lettre est écrite entièrement de la main du roi, qui en adressa encore deux autres au sire du Cayla, l'une en septembre 1585, et l'autre l'année suivante.

Nous ne savons comment Antoine s'acquitta de sa commission;

(1) Hommage au roi; titres de la succession Caylus.

mais Henry eut sans doute lieu de se « revenger » du plaisir qui lui fut fait en cette circonstance, car une fois devenu maître de son royaume, il attacha le baron du Cayla à sa personne et le nomma gentilhomme de sa chambre (1). Après que le baron de Sauvensa, Morlhon, sénéchal du Rouergue, eut été assassiné à Villefranche, le 2 février 1597, le roi pourvut Antoine de Cassagnes de la survivance de son cousin et lui envoya en même temps le collier de Saint-Michel (2). Mais celui-ci, miné par la maladie, ne put ni exercer sa charge, ni même prêter serment. Dès le 14 avril de la même année, se sentant mortellement atteint, il avait fait son testament. Au commencement de janvier 1598, s'éteignait à Rodez, dans son hôtel de la *Saunharie,* noble et puissant homme, messire Antoine de Cassagnes de Beaufort, baron du Cayla, seigneur de Flars, Balsac, Moyrasès, Veyrières, Servières, Rodelle, Flanhac, La Séguinie, La Maurinie, La Raffatie, Le Noguié, etc., etc., co-seigneur de Cassagnes-Comtaux, Rignac et Miramon, qui avait été successivement capitaine d'un corps d'arquebusiers, commandant de l'arrière-ban, lieutenant général au gouvernement du Rouergue, gentilhomme de la chambre, sénéchal et chevalier d'un des ordres du roi. Il mourait âgé d'environ 70 ans. La charge de sénéchal passa à son neveu le cᵗᵉ de Bournazel et devint en quelque sorte un fief de la maison du Buisson ; car pendant plusieurs générations les aînés de cette famille en furent successivement pourvus.

Le 13 juillet 1565, au château de Milhars, en Albigeois (3), Antoine avait épousé ANNE, issue de l'antique maison de BÉRAIL, qui possédait depuis environ cinq cents ans, dans l'élection de Figeac, la baronnie de CAZILLAC, réputée la seconde du Quercy. La jeune mariée était assistée de son frère François et de son oncle, le très noble et révérend Jean de Comminges, abbé des abbayes de Beaulieu et Combelongue.

Son père Antoine, baron de Cazillac, vicomte de Seissac, seigneur de Milhars, Coralh, Alayrac, etc., avait été lieutenant général, commissaire de l'artillerie de France et cordon bleu, dès la création de l'ordre du Saint-Esprit et dès la première promotion qui ne comprit que six chevaliers.

Son grand-père, Gilles, avait épousé demoiselle de Bonne, d'une très illustre maison, est-il dit dans un procès-verbal d'enquête.

Enfin la mère d'Anne de Cazillac, qui portait le même prénom que sa fille, était une CRUSSOL, nièce de M. d'Acier, premier duc d'Uzès.

(1) Titres de famille ; archives nationales, cabinet de Gasnières.

(2) Titres de la maison de Bournazel ; mémoires de famille ; pierre tombale dans l'église de Saint-Amand, de Rodez.

(3) Titres de famille.

Anne avait un frère, dont nous avons déjà parlé, qui devint
maréchal de camps, et une sœur, religieuse à Nonnenques.

Ce mariage, contracté à une époque où les mésalliances étaient
encore inconnues, montre combien était considérée la maison de
Cassagnes, puisqu'elle s'alliait intimement aux familles les plus puissantes et les plus haut placées.

Les Cazillac-Seissac s'éteignirent en 1720 dans la personne d'une
vieille fille, qui légua ses biens aux Lamoignon-Basville. Le m^{is} Jean-
Gaspard de Miramon nous raconte l'histoire de cette succession qui
est assez singulière : « Mlle de Seissac possédait les trois terres de
Milhars, Cazillac et Seissac, d'un revenu d'environ 30,000 livres de
rente. Elle voulait laisser tous ses biens à mon père et lui avait appris
elle-même qu'elle les lui avait substitués. Or, son homme d'affaires,
marié à la femme de chambre, dit un jour à mon père : « Si M. le
« Mis veut me faire à ma femme et à moi un billet de douze mille
« livres, je me charge de lui faire faire par Mlle un testament en sa
« faveur. » Mon père ne crut pas devoir donner ce billet, qu'on
demandait pur et simple, et répondit que, malgré sa qualité de plus
proche et même d'unique parent de Mlle de Seissac, s'il était héritier,
il témoignerait à cet homme d'affaires et à sa femme sa reconnaissance, non seulement du service rendu mais aussi des soins donnés
par eux à sa cousine. Les deux domestiques, peu satisfaits de la
réponse, s'adressèrent à l'intendant du Languedoc, M. de Baville-
Lamoignon, père ou grand-père du président actuel, qui a été garde
des sceaux. M. de Lamoignon qui n'était aucunement parent de
Mlle de Seissac et ne la connaissait peut-être même pas, fit des arrangements avec l'homme d'affaires ; et celui-ci parvint à faire faire à sa
vieille maîtresse un testament par lequel elle instituait l'intendant du
Languedoc son héritier universel et léguait à mon père un tapis de
Turquie, fort beau à la vérité, mais de peu de valeur en comparaison
de ses biens. Mlle de Seissac se sentant indisposée envoya un exprès
pour avertir de son état mon père, auquel elle avait toujours témoigné
de l'amitié, et le prier de venir la voir. Mon père se trouvait malheureusement alors à Marseille et n'apprit que plusieurs jours après,
à son retour de Provence, la maladie de sa vieille parente. Il partit
aussitôt ; mais quand il arriva à Milhars, elle était morte depuis deux
jours. Se rappelant tout ce que lui avait promis Mlle de Seissac, il fut
très étonné du testament et fit faire de nombreuses recherches, persuadé que la substitution dont on lui avait parlé devait se trouver
dans les papiers de la défunte ou déposée dans quelque greffe du
pays. Mais on s'aperçut que les registres des greffes qui pouvaient
contenir la substitution avaient été lacérés ; quant aux papiers, ils
avaient été visités avant mon père par d'autres que par lui. On ne
put donc rien découvrir ; et MM. de Lamoignon furent envoyés en

possession de l'héritage. Cependant, dans toute la province, la conviction était que Mlle de Seissac avait fait une substitution en faveur de ma famille. MM. de Valady, de La Guépie et un M. de Roquefeuil, d'Albi, que je rencontrai en 1770, me dirent que cet acte devait nécessairement exister dans le pays et que je devais faire en sorte de le retrouver. J'en fus quitte, comme mon père, pour de vaines recherches et des étrennes. »

Antoine de Cassagnes et Anne de Cazillac eurent deux filles et quatre garçons dont nous connaissons exactement la date de naissance grâce à un acte de 1586 dans lequel leur mère rappelle successivement tous ses enfants :

1° SUZANNE, née en 1567, épousa en 1586 Bertrand III de MARCILHAC, baron de LA BASTIDE-CAPDENAC, qui était fils d'une d'Arpajon et petit-fils d'une Castelpers. Elle eut trois filles, dont l'une épousa Guillaume de Morlhon ; l'autre Paul de Cahuzac, et la troisième Jean du Rieu, chef de la branche des seigneurs de Saint-Beauzille, en Languedoc (1) ;

2° JEAN, né en 1568, avait été, pendant quatre ans, page du roi Henry III.

En 1586, étant alors âgé de 18 ans, il servait dans la compagnie d'hommes d'armes des ordonnances, que commandait son oncle, le baron de Sauvensa. Peu après il devint enseigne de cette compagnie. Malheureusement une mort prématurée arrêta le cours d'une carrière aussi brillamment commencée. Des mémoires de famille nous apprennent qu'il fut tué l'année suivante, 1587, à la fameuse bataille de Coutras, où le roi de Navarre tailla en pièces l'armée catholique ;

3° JOSEPH, né en 1570. Il fut reçu à 15 ans, chevalier de l'ordre de Malte, après une enquête faite par frère Jean de Sobeyran Arifat, commandeur de Reyssac et frère Jean de Roquelaure Saint-Aubin, commandeur de Regneville et de Vahours. Les témoins interrogés furent : messire Louis de Flavyn, aumônier ordinaire du roi, protonotaire participant du Saint-Siège, abbé de Saint-Thibéry ; noble Gailhard de La Panouse, prieur de Saint-Loup ; noble Jean de Rames, seigneur de Leynhac ; noble Armand de Fénélon. Joseph mourut jeune, avant l'époque où son père testa (2) ;

4° LOUIS, né en 1572, se trouvait être l'aîné de la famille en 1597 par suite de la mort des deux précédents : aussi fut-il institué par son père héritier universel. Il devint page du roi après son frère ; et comme ce n'était encore qu'un enfant, son père le confia aux soins de son oncle, Seissac, que les devoirs de quelque charge retenaient près de la cour. Celui-ci ayant été obligé de s'éloigner pour aller au

(1) Papiers de famille.
(2) Papiers de famille.

camp du duc du Mayne, emmena avec lui son neveu, qui venait seulement d'atteindre ses 14 ans; car alors on habituait de bonne heure la jeunesse au métier des armes. Nous ne savons pas ce que fit Louis de Cassagnes, mais il dut servir avec distinction, puisque le roi voulut bien lui accorder en 1598 la survivance de son père dans la charge de gentilhomme de sa chambre (1). Le 3 avril de l'année suivante, Henry IV lui donna permission de chasser lui et un des siens sur les domaines royaux. Voici du reste le texte de ce brevet : « Aujourd'huy.... le roi se trouvant à Fontainebleau, voulant bien et favorablement traiter le sire du Cayla, gentilhomme de sa chambre, pour ses services, lui a libéralement permis et permet de tirer et faire tirer de l'arquebuze par un des siens aux environs et dépendances de ses maisons, aux loups, renards, oiseaux de rivière, pluviers, ramiers, bizets et toute autre sorte de gibier non deffendu par les ordonnances ; même de faire faire battue aux loups par les paysans des lieux et durant icelle faire porter toutes sortes de bâtons et armes à feu, à la charge de n'en point abuser, sans qu'à ce, il puisse être empêché en vertu des ordonnances de la rigueur desquelles Sa Majesté l'a dispensé et le dispense, m'ayant à cette fin commandé en expédier au sr du Cayla le présent brevet, qu'elle a signé de sa main et fait contresigner par moi son conseiller et secrétaire d'État : Henry, et plus bas Potier. »

Nous étions tout d'abord persuadé que Louis était mort peu après l'époque marquée par la date de cette lettre; car dès l'année 1600 son cadet, Charles, apparaît comme chef de famille, possesseur de tous les biens de sa maison et se qualifie de gentilhomme de la chambre du roi, ayant obtenu sans doute la survivance de son aîné. Mais nous avons trouvé depuis dans un cartulaire de l'abbaye de Saint-Sauveur d'Aniane, aux archives nationales, que ce *monastère était gouverné en 1600 par Louis de Cassagnes, dit du Cayla*, et que cet abbé avait exercé la profession des armes. Or, cette appellation ne peut s'appliquer qu'à Louis, fils d'Antoine de Cassagnes, baron du Cayla;

5° Charles qui continue la lignée ;

6° Charlotte, née en 1576, fut élevée par sa tante de Seissac, religieuse à Nonnenques. Elle épousa, en 1597, noble et puissant Rodorelh, chevalier, seigneur de Conduchier. Son petit-fils prenait le titre de marquis.

Environ à cette même époque, c'est-à-dire entre la fin du XVIe et le commencement du XVIIe siècle, vivait Louis de Cassagnes, seigneur de Larguiez, que quelques généalogistes ont cru à tort ne faire qu'un seul et même personnage avec Louis, gentilhomme de la

_____

(1) Archives de famille; archives nationales, cabinet des Ordres.

chambre, dont nous venons de parler. Le sieur de Larguiez descendait du bâtard de Cassagnes que nous avons dit être fils naturel de Jean II, père d'Antoine (1). Il épousa Marguerite de MÉJANÈS, héritière de sa maison, qui lui apporta entr'autres biens la seigneurie de Larguiez. Elle en était veuve en 1634. Son fils BERNARDIN, mari de Françoise de PRÉVINQUIÈRES, n'eut qu'une fille qui s'allia à M. de Scorailles, seignèur de Bourran.

XVIII.

CHARLES (2), *haut et puissant seigneur*, messire de Beaufort de Cassagnes, chevalier, MARQUIS DE MIRAMON (3), *baron du Cayla*, de *Ceintrès*, de *Tajac*, de *Taurines*, seigneur de *Flars, La Maurinie, Servières, Flanhac, Les Hormeaux*, etc., etc., co-seigneur de l'entier mandement de *Cassagnes-Comtaux* et de *Rignac*, etc.

Il naquit en 1574 et mourut en 1631.

Nous savons peu de choses sur sa vie, sinon qu'il fut de bonne heure pourvu de l'office de gentilhomme de la chambre. Le 4 janvier 1601, à Lyon, Charles de Bourbons, comte de Soissons, lui donna un certificat attestant qu'il avait fait près du roi le service du quartier d'octobre, novembre, décembre 1600 (4).

C'est avec Charles que la maison de Cassagnes mit pour la première fois le pied sur le sol de l'Auvergne ; elle ne s'y fixa pas encore définitivement ; mais, à partir de cette époque, elle s'y attacha à chaque génération par des liens plus étroits, et nous verrons que le petit-fils de Charles finit par renoncer à sa patrie d'origine.

La famille de *Pesteils*, dont l'alliance attira les Cassagnes-Beaufort près d'Aurillac, était bien auvergnate, quoiqu'elle ait eu des intérêts et ait joué un rôle dans le Comtat-Venaissin. En 1450, elle se divisa en deux branches, issues de Guy IVᵉ du nom et de Blanche d'Acier. La branche cadette a subsisté jusqu'à la fin du siècle dernier. Quant à la branche aînée, que la maison de Cassagnes représente aujourd'hui, elle vint s'établir à Polminhac en 1410, par suite de son alliance avec l'héritière de l'illustre famille de Montamat ; c'est alors que la forteresse de Polminhac prit le nom de Pesteils.

(1) Testament d'Arnaud de Méjanès.

(2) Archives de famille.

(3) Pièces généalogiques ; mémoires de famille ; preuves à Malte ; de Barrau, terres titrées du Rouergue ; testament de la marquise de Bournazel ; arrangements entre le sieur de Cassagnes et son frère François ; quittance fournie par la marquise de Noailles.

(4) Archives de famille.

Guy de Pesteils, fils d'une Levy-Mirepoix, époux d'Anne de Montamat, eut un fils nommé Claude, qui s'allia, en 1547, à Camille Caraccioli. Celle-ci était fille du prince de Melphe, duc d'Alcoli, maréchal de France, général pour le roi en Italie et gouverneur du Piémont. De cette union naquit Jean-Claude, chevalier, baron de Salers, Fontanges et Branzac, chevalier de l'ordre du Roi, gentilhomme de sa chambre, qui épousa Jeanne de Lévy, *comtesse de Caylus,* dont la mère, Balthazarde Desprès-Montpezat, était fille du maréchal de ce nom et d'une princesse d'Armagnac. Jeanne de Lévy, qui était dame d'honneur de la reine, avait un frère, le beau Caylus, favori d'Henry III, si connu par son fameux duel avec Livarot, Balsac et Schomberg, dans lequel il périt.

C'est à la descendante de tous ces hommes illustres et puissants, chevaliers des ordres, maréchaux de France, princes et ducs, que Charles de Cassagnes s'unit, en 1608, par son mariage avec Camillle, fille de Jean-Claude de PESTEILS et de Jeanne de LÉVY-CAYLUS. Il se trouva ainsi allié de près aux plus grands noms de la cour et de la France, sans compter la brillante parenté que son père et son aïeul lui avaient transmise. Aussi, soutenu par de si hautes relations de famille, par sa naissance et par sa fortune, il fit bonne figure à la cour, où les devoirs de sa charge l'appelaient fréquemment et où son nom, d'ailleurs, était déjà bien connu.

Ajoutons, pour compléter le tableau des alliances de la maison de Cassagnes à ce degré, que Jeanne de Lévy avait une sœur mariée au baron de Castelpers-Panat, et trois filles outre Camille, dont nous avons parlé.

L'aînée fut abbesse du monastère de Rodez.

La seconde, Anne, apporta le comté de Caylus dans la maison de Tubières-Grimoard, par son mariage avec Jean, baron de Verfeil, qui, déjà cousin issu de germain du marquis de Miramon, devint ainsi son beau-frère. De ce chef, Charles de Cassagnes eut une nièce mariée au maréchal de camps baron de Lescure, mère de Jean, évêque de Luçon, et un neveu, Jean de Tubières-Grimoard, qui se maria deux fois, d'abord avec Madeleine de Bourbon, puis avec Isabelle de Polignac. Les enfants de ces deux unions, cousins au premier degré du marquis Charles-François de Miramon, furent le marquis de Fontanges, colonel de Chartres-cavalerie, tué à Fleurus ; le marquis de Caylus ; le baron de Landorre, marié à la fille du maréchal Fabert ; Charlotte, femme d'Annet d'Escorailles, marquis de Roussilles, gouverneur du Languedoc et frère de la fameuse duchesse de Fontanges ; Marie, épouse de Robert, marquis de Lignerac ; Charles, évêque d'Auxerre, doyen des prélats du royaume et l'un des chefs les plus ardents du jansénisme ; et Claude-Abraham, duc de Caylus, chevalier de la Toison d'Or, capitaine général des armées espagnoles.

Le comte de Caylus, lieutenant général en 1700, qui prenait le titre de *marquis de Pesteils* en même temps que le cadet de la maison de Cassagnes, le chevalier de Caylus, chef d'escadre, et le fameux érudit Caylus, académicien et colonel, n'étaient que cousins issus de germains. A des degrés plus éloignés viennent ensuite les Turenne d'Aynac, les Langlade du Chayla, les de Broglie et la seconde édition des ducs de Caylus.

La troisième fille de Jean-Claude de Pesteils, nommée également Anne, dame de Valady, épousa Antoine Yzarn de Frayssinet, chevalier de l'ordre du Roi, capitaine des chevaux-légers de sa garde. Elle fut mère de Jean, qui eut le commandement des chevaux-légers du duc d'Ayen, après la mort de celui-ci, et de Jeanne, mariée à Jean de Gontaut-Biron, quatrième du nom. C'est d'elle que descendait au quatrième degré le fameux girondin Valady. Étant demeurée veuve de bonne heure, elle épousa Clermont-Verteillac, du nom de Touchebœuf, et devint ainsi arrière-grand'mère de celui qui épousa plus tard sa petite-nièce de Miramon.

Nous ne croyons pas inutile de rapporter tous ces noms et toutes ces alliances, au risque d'être trop long. C'est, en effet, seulement par l'étude de la parenté d'une famille qu'on peut se faire une idée de la position et du rang qu'elle occupait à une époque sur laquelle ni lettres ni mémoires ne nous fournissent de renseignements.

Outre une dot considérable en argent, Camille de Pesteils apporta dans la maison de Cassagnes le *marquisat de Pesteils*, avec la seigneurie de *Polminhac*, la châtellenie de *Marfonds*, la *baronnie de Fouilholles*, la co-seigneurie de *Vic*, de *Salers* et de quelques autres places.

Devenue veuve en 1631 (1), Camille ne tarda pas à convoler en secondes noces, comme sa sœur, et épousa Anne de Noailles, marquis de Montclar, comte d'Ayen, baron d'Huy, chevalier de l'Ordre, capitaine d'une compagnie d'hommes d'armes des ordonnances, sénéchal et gouverneur du Rouergue. Celui-ci fut pendant vingt ans le beau-père des enfants de Cassagnes ; mais, comme il n'y eut pas de rejetons issus du second lit, ce mariage ne constitua pas parenté entre les descendants des deux époux. Il ne créa même pas des relations de bonne amitié entre les deux familles : car, dit dans une lettre le marquis Gaspard de Miramon, « le vieux maréchal de Noailles ne nous aimait pas ».

Pour satisfaire au désir d'une de ses filles, Camille fonda, dans la petite ville de Vic-en-Carladès, un couvent de Bénédictines, sous l'invocation de saint Joseph (2). Elle se réserva pour elle et ses successeurs le patronat et le droit de nommer la Supérieure de ce couvent qu'elle fit élever à la dignité de prieuré. Elle stipula qu'elle pourrait y entrer et s'y retirer quand elle voudrait, qu'elle

(1) Archives de famille et titres de toutes provenances.

(2) Archives de famille; archives départementales.

y aurait son tombeau dans le chœur et ses armoiries sur la porte et sur les clés de voûte, qu'en outre le pas et la prééminence lui appartiendraient sur toutes personnes séculières ; enfin elle fit homologuer en cour de Rome l'acte de fondation.

La première Supérieure et prieure désignée par Camille fut sa fille Suzanne, après la mort de laquelle la marquise de Miramon élut à sa place Jeanne de Beauclair.

Un différend survint peu après entre la dame fondatrice et Mgr Montrouge, évêque de Saint-Flour, qui voulait prendre pour lui le droit de nomination. Celui-ci réussit à installer deux supérieures : Françoise de Saunhac et Anne de Saint-Martial-Drugheac. Mais à son tour le marquis de Miramon, après le décès des précédentes, nomma successivement ses deux filles : Marie-Madeleine et Gilberte. Il accorda ensuite aux religieuses le droit d'élection. Voici les noms de quelques-unes des prieures qui furent ainsi désignées : Henriette de Saint-Sulpice, Anne de Marcillac, Françoise de Fontanges, Delphine de Saint-Hérem, Antoinette de La Garde.

Ce ne fut pas la seule fondation pieuse de Camille de Pesteils. Elle dota encore richement une chapelle de la cathédrale de Rodez, où étaient gravées les armes de Cassagnes-Beaufort et dans laquelle les aînés de cette maison avaient droit de sépulture (1). De son côté, son mari, le marquis Charles, avait fondé près de Moyrasès une chapellenie dont il s'était réservé le patronat.

Charles habitait surtout le Rouergue et particulièrement son château du Cayla ; c'est là qu'il mourut, 25 ans avant sa femme, décédée en 1655.

Il laissait quatre garçons et deux filles :

1° JEAN, sr *de Cassagnes,* qualifié de puissant seigneur. Il était l'aîné et eut même en partage, après le second mariage de sa mère, tous les biens provenant de la succession de son père. Mais, n'ayant pas l'intention de se marier, il transporta cette hérédité à son cadet, Charles-François, ne se réservant que des rentes viagères et sa seigneurie de Cassagnes. Son frère, qui mourut avant lui, lui fit, à son tour, des legs importants, en le priant seulement de prendre pour héritier Antoine, son fils. Jean fut longtemps sénéchal du Quercy. Quoiqu'il fût déjà avancé en âge, en 1680, le ministre Colbert le confirma encore dans cette charge par lettre du 2 mai de cette même année (2) ;

2° JEAN-CLAUDE, | Furent tous les deux tués dès le début de
3° JEAN-LOUIS, | leur carrière, à la bataille de Rocroy (3) ;

---

(1) Titres de famille et pièces généalogiques.

(2) Papiers de famille ; archives à Cahors ; lettre communiquée par M. Delfios, archiviste.

(3) Mémoires de famille.

4° CHARLES-FRANÇOIS, qui continua la postérité ;

5° SUZANNE, qui fut la première prieure du couvent de bénédictines de Vic (1) ;

6° MADELEINE (2) épousa, en 1643, son cousin François du BUISSON, marquis de BOURNAZEL, Mirabel et Belcastel, sénéchal et gouverneur du Rouergue, capitaine de 50 hommes d'armes des ordonnances, lieutenant-général en 1650. François fit à Villefranche, en 1657, comme sénéchal, entouré d'un cérémonial imposant, une entrée dont Claude des Brugières nous a laissé un intéressant récit. Madeleine de Cassagnes fut mère du marquis de Mirabel, sénéchal comme son père et colonel d'un régiment de son nom, de Raymond, marquis de Bournazel, colonel d'infanterie, de Madeleine, mariée au comte de Durfort, colonel de cavalerie, gouverneur de Cahors, et de la marquise de Montaignac de Gain ; elle devint grand'mère des deux Belzunce, l'un marquis de Castelmoron, brigadier des armées et sénéchal d'Agenais, l'autre évêque de Marseille, qui s'immortalisa pendant la fameuse peste de 1720 ; du marquis de Mostuéjoul et de son frère, comte de Lyon, premier aumônier de Mme la Dauphine ; du marquis de Peyronnenc-Saint-Chamarand, d'Hercule d'Altier de Borne de Budos, marquis du Champs et de Serres, du marquis de Durfort, lieutenant-général, et de plusieurs du Buisson-Bournazel, qui firent tous de brillants mariages.

XIX.

CHARLES-JACQUES-FRANÇOIS (3). — Haut et puissant seigneur, messire, MARQUIS DE MIRAMON, baron du Cayla, de Ceintrès, de Tajac, seigneur de Rignac, Moyrasès, etc., en Rouergue ; seigneur de *Pesteils*, *Polminhac*, etc., baron de *Fouilholles*, co-seigneur de *Vic*, etc., en Auvergne.

Quoique n'étant que le quatrième par la date de sa naissance, il se trouva chef de famille par la renonciation ou la mort de ses aînés. Et, comme tel, il hérita non seulement des biens de sa maison, mais aussi de la charge de gentilhomme de la maison du roi, qui semble avoir été en quelque sorte héréditaire chez les Cassagnes, pendant plusieurs générations. C'est par lettre du mois de mars 1653 que le roi le nomma à cette dignité en y joignant des considérants flatteurs pour le jeune marquis.

(1) Papiers de famille et passim.

(2) Archives de Cassagnes et Bournazel.

(3) Tout ce qui a rapport à ce degré se trouve relaté dans les archives de la famille.

François avait un train de maison digne de sa naissance et de son rang. A l'exemple des grands seigneurs de son temps, qui prenaient des gentilshommes à leur service, il avait comme major d'homme noble François de Seguin, écuyer, qui, dans un acte, prend le titre de gentilhomme ordinaire du marquis de Miramon. Lorsque celui-ci se maria avec Jeanne de Cossoul, son maître, pour reconnaître ses bons soins, lui fit présent, à son contrat, d'une forte somme d'argent.

François demeurait alternativement à Paris, au Cayla, à Pesteils ; mais la résidence qu'il paraît avoir affectionnée tout particulièrement était son hôtel du bourg de Rodez, où nous avons vu que son grand-père était décédé.

En 1666, après enquête faite par Claude de Montlauzeur de La Mothe, conseiller du roi, il fut maintenu dans sa noblesse de race et dans ses titres.

Dix-sept ans auparavant, en 1649, il avait épousé, au château de Paulhac, près de Brioude, MARIE de BREZONS, fille de feu messire Jacques, m^{is} de La Roque-Massebeau, baron de Paulhac, etc., gouverneur d'Auvergne et de haute et puissante dame Gilberte de SAINT-AIGNAN.

La maison de Brezons était une des plus antiques et des plus puissantes de la province d'Auvergne, berceau de tant de grands noms. Elle prétendait avoir une souche commune avec les anciens sires de Mercœur ; en tous cas son premier auteur connu, Amblard, apparaît avant l'an 1000, époque à laquelle il fonda le monastère de Saint-Flour, qui fut le noyau de la ville et de l'évêché de ce nom.

En 1510 Bonnet de Brezons était le plus puissant seigneur du Pays. Il fut l'auteur des trois branches de la maison de Brezons, qui subsistèrent encore pendant un siècle et demi. La première eut pour dernier représentant, François, époux de Marie de Berthon-Crillon. Celle-ci, héritière des biens de son mari, les légua au duc de Villars, des mains duquel ils passèrent par alliance dans la maison de Lorraine. La seconde branche finit au commencement du dix-huitième siècle, dans la personne du baron de *Neyrebrousse*. L'autre enfin fut celle de *La Roque-Massebeau*.

Il n'est pas superflu d'entrer dans quelques détails sur cette noble maison, puisque celle de Cassagnes en hérita, ainsi que nous allons le voir, et en représente seule aujourd'hui la descendance.

Les grand'mères de Marie de Brezons étaient Montmorin-Saint-Hérem, Polignac, Ligonet, Tournon, Joyeuse. Elle eut pour témoins de son mariage : Armand, vicomte de Polignac, conseiller du roi, chevalier de ses ordres, gouverneur du Puy ; Louis de Polignac, m^{is} de Chalencon et Melchior de Polignac, abbé de Montebourg, premier aumônier du roi.

Son grand-père, Tristan de Brezons, avait été maréchal de camps et gouverneur du Haut-Pays. Charles, son grand-oncle, le des Adrets du parti catholique, s'est fait une réputation historique par ses talents militaires et malheureusement aussi par ses cruautés.

Marie avait un frère, marquis de Laroque, comte de Paulhac, qui épousa Mlle de Clermont-Lodève, dont il n'eut pas d'enfants. Il fit, en 1710, le marquis de Miramon héritier de tous ses biens, c'est-à-dire des terres de *Laroque, St-Hérem, Balsac, Cocudon, Paulhac, Combadine et Rioumartin.*

Un arrière-cousin de Marie, *Neyrebrousse,* légua au petit-fils de celle-ci la seigneurie à laquelle sa branche, dont il était le dernier, avait emprunté son nom.

En outre, en 1728, dans le palais épiscopal de Clermont, le marquis de Miramon acheta à Anne de Lorraine, duc de Guise, son parent, les terres et seigneuries de *Brezons, Cezens* et *Montréal,* qui lui venaient de la succession de Marie de Crillon.

C'est ainsi que Marie devint la dernière et l'unique héritière du nom de Brezons et que tous les biens de sa famille passèrent dans celle de Cassagnes.

François fut enterré dans une des chapelles de l'église de Rodez qui appartenait à sa famille et où les membres de celle-ci avaient droit de sépulture.

Sa femme demanda dans son testament que son corps fût déposé à Moyrasès dans le tombeau habituel des seigneurs du Cayla.

Du mariage de François et de Marie naquirent trois garçons et plusieurs filles :

1° ANTOINE, dit le s^r *de Rinhac.* Il fut institué par son père héritier universel en 1666. Mais celui-ci changea ses dispositions quatre ans plus tard, au moment du mariage de son autre fils, Claude, auquel il fit don de tous ses biens. A l'âge de 25 ans, Antoine obtint le commandement d'une compagnie dans le régiment de Castries. Treize ans plus tard, il en était encore propriétaire, ayant alors le rang de colonel et la croix de Saint-Louis. Il mourut au service (1);

2° GABRIEL, s^r *de Polminhac,* fut tué fort jeune à l'armée (2);

3° CLAUDE-JACQUES-JOSEPH, dit le m^{is} du CAYLA, du vivant de son père, continua la descendance;

4° MARIE-MARGUERITE-GILBERTE, prieure en 1688 du couvent de Vic;

5° MARIE, demoiselle de *Miramon,* qui succéda à sa sœur dans l'office de prieure de Vic;

6° MADELEINE, religieuse dans le même couvent;

7° MARGUERITE, Mme du *Cayla,* abbesse du monastère de Saint-Sernin de Rodez (3);

_____

(1) Mémoires de famille ; annuaire de 1681.

(2) Mémoires de famille.

(3) Idem et testament.

8° MARIE-ANNE épousa haut et puissant seigneur, messire N. de DIENNE, m^is de CHAVAGNAC. Elle mourut peu de temps après son mariage, en donnant le jour à un fils qui ne vécut pas. Un procès s'éleva alors entre le m^is de Miramon et son gendre, celui-ci soutenant que la mère était morte la première, l'autre affirmant que le contraire était vrai. L'importance de la question tenait à ce que, selon la coutume d'Auvergne, si l'enfant avait survécu à la mère, son père héritait de lui et gardait par conséquent la dot de sa femme; mais s'il en était autrement, le mari veuf devait restituer la dot à son beau-père. Il paraît qu'en fait, c'est François de Miramon qui avait raison dans ses affirmations. Mais les deux extraits mortuaires ayant été dressés en même temps et sur la même feuille de papier, celui de la mère, comme de juste, était en tête; et les juges ne voulurent pas reconnaître de meilleure preuve que celle-là. Le m^is de Chavagnac gagna le procès. Nous racontons cette petite histoire de succession parce qu'elle nous a paru assez typique.

XX (1).

CLAUDE-JACQUES-JOSEPH, haut et puissant seigneur, messire et chevalier, m^is de MIRAMON, m^is *du Cayla*, m^is *de Pesteils*, b^on de Ceintrès, Tajac, Foulholes, seigneur de *Vixouses, Frasque*, etc., etc.

Celui-ci paraît n'avoir jamais eu d'autre occupation que de vivre noblement dans ses terres. Il laissa échapper la charge de gentilhomme de la chambre que ses ancêtres se transmettaient depuis quatre générations; du moins aucun document ne nous indique qu'il en ait été pourvu. Même dans sa jeunesse, nous ne croyons pas qu'il ait été militaire comme tous ceux de sa race. Toutefois il parut plusieurs fois à l'armée avec le ban de sa province et fit notamment deux campagnes à la tête de ses vassaux qu'il avait conduits au service du roi. En 1701, Sa Majesté le nomma son commissaire et lui écrivit pour le prier de faire la répartition de la capitation sur la noblesse dans l'élection d'Aurillac et de Saint-Flour. Cette charge ne se donnait qu'au seigneur le plus considérable et le plus qualifié du pays. Ainsi, à la même époque, le soin de répartir la capitation dans l'arrondissement de Mauriac était confié à la maison de Chabannes-Curton. Pour Issoire et le Clermontois on avait choisi le m^is d'Alègre, grand sénéchal d'Auvergne; pour Brioude et son territoire, le m^is de Laroque-Brezons. Il paraît que cette commission était aussi onéreuse qu'honorable et que, pour faire face aux dépenses qu'elle nécessita,

(1) Tout ce qui est relaté à ce degré se trouve confirmé par les archives de la famille.

le m^{is} de Miramon fut obligé de vendre un ou deux fiefs. Il testa au château de Bournazel et mourut en 1716 ; sa femme mourut en 1723 ; tous deux furent enterrés dans le chœur de l'église de Polminhac.

Claude-Joseph avait épousé, le 11 juin 1670, JEANNE, fille de haut et puissant seigneur messire François d'AUREILHE ou d'AU-RELLES, m^{is} de COLOMBINES, comte de Vinerols et de Basfieu, etc., et de Marie d'AURELLES d'ALLERET.

Le contrat de mariage, qui prouve que Jeanne était une fort riche héritière, n'offre rien de particulier, excepté peut-être un passage où il est dit que le m^{is} de Miramon donne à la future le grand carosse de sa famille, attelé de six chevaux, se réservant le petit carosse vitré, avec quatre chevaux.

L'origine de la maison d'Aurelles est tellement ancienne que les traditions du pays n'hésitaient pas à la faire descendre de Vercingétorix. Elle avait de tout temps été fort puissante et plusieurs de ses membres avaient rendu leur nom célèbre. Les deux branches aînées de cette maison se fondirent en une seule par le mariage du père de Jeanne avec sa cousine d'Alleret. Il existait aussi à cette époque deux branches séparées des autres depuis longtemps et peu fortunées, qui ont continué seules jusqu'à nos jours la descendance de la famille.

Car le frère unique de Jeanne d'Aurelles, m^{se} de Miramon, n'eut qu'une fille qui épousa le m^{is} de Bouzols, du nom de Montaigu, fils de la fille de Colbert. Le m^{is} de Bouzols, neveu du m^{is} de Miramon, était lieutenant général et cordon rouge ; son fils eut le même grade que lui, et le gouvernement de la Basse-Auvergne ; il avait épousé la fille du maréchal de Berwick-Fitz-James. De ce mariage naquirent deux fils : le v^{te} de Beaune, lieutenant général, président des États d'Auvergne, mari de Mlle de Noailles, et le m^{is} de Bouzols, maréchal de camps, qui s'unit à Mlle d'Agoult.

Les grand'mères de Jeanne d'Aurelles étaient La Guiche, Oradou, Roquefeuil, Tersac de Lambres, Bouillé, etc.

Le marquis Claude-Jacques-Joseph eut deux garçons et quatre filles :

1° FRANÇOIS, m^{is} *de Pesteils,* entra fort jeune au service, et dès l'âge de quinze ans, était cornette dans le mestre de camps au régiment de La Valette ; il obtint bientôt une compagnie dans le régiment du prince de Lorraine, grand écuyer de France, avec rang de colonel. C'était un militaire de grande valeur et d'extrême bravoure. Sa belle figure, son adresse à tous les exercices, les qualités aimables de son esprit l'avaient fait apprécier à la cour et lui valurent des amitiés illustres. Le prince de Lorraine l'inscrivit sur son testament ; les ducs de Bourgogne et de Berry, petits-fils de Louis XIV, lui firent plusieurs fois l'honneur de l'inviter à leur table. Dans la revue générale de l'armée, passée par le roi avant la campagne d'Allemagne, lors de la guerre de succession, Sa Majesté ne salua parmi tous les officiers que le m^is de Pesteils. Celui-ci partait quelques jours après pour la Bavière, sous les ordres du maréchal de Villars. Un jour qu'à la tête d'un corps de cavalerie, il avait été chargé de diriger une expédition assez loin du reste de l'armée, il tomba dans un parti ennemi, supérieur au sien de plus de la moitié. Quoique blessé dès le commencement de l'action et couvert de son sang qui rougit le cheval qu'il montait, il ne voulut pas se retirer; mais il continua à commander et à donner de sa personne jusqu'au moment où, après une lutte acharnée, il mit les ennemis en fuite, leur ayant tué et pris beaucoup de monde. Ce brillant fait d'armes eut du retentissement. Le roi nomma le m^is de Pesteils mestre de camps de cavalerie et commanda à Chamillart son ministre, de lui donner un régiment. Mais les blessures de François de Cassagnes étaient trop graves et ses efforts avaient été trop grands pour qu'il pût y survivre. Il fit son testament au camp de Memmingen et expira quelques jours après, à l'âge de vingt-neuf ans, au milieu des espérances d'une brillante carrière. Les brevets qui lui conféraient de nouveaux grades furent déposés sur son cercueil et le m^is de La Roque Brezons lui fit élever à Paulhac un mausolée, qui existait encore au moment de la Révolution.

Le m^is de Pesteils avait remporté le prix sur tous les seigneurs de la cour dans un tournoi donné à Versailles par le roi. Sa Majesté lui fit cadeau à cette occasion de son portrait, enrichi de diamants. Ce portrait qui était fort beau, paraît-il, fut donné par Alexandre-Emmanuel m^is de Miramon à la comtesse de Clermont, sa fille;

2° ALEXANDRE-EMMANUEL, dit le comte de MIRAMON, du vivant de son père, continua la descendance;

3° MARIE-MARTHE, femme en 1709 de noble seigneur Pierre de BRUGIER, comte du ROCHAIN, baron de Veneau, etc. Elle eut trois fils, comtes de Brioude, et une fille mariée au comte d'Antil du Ligonet. Du mariage de celle-ci naquit une fille, femme du comte de Brugier d'Andelat et deux fils dont l'un épousa Mlle de Turenne d'Aynac et l'autre Mlle de Lastic-Fournel;

4°, 5°, 6°. Trois filles dont l'une fut religieuse et les autres moururent sans s'être mariées.

XXI [1].

ALEXANDRE-EMMANUEL. — La maison de Cassagnes toucha à son apogée avec très haut et très puissant monseigneur Alexandre-

[1] Archives de famille.

Emmanuel, comte puis marquis de MIRAMON, marquis de PESTEILS
et du CAYLA, comte de PAULHAC, seigneur du marquisat de CASSA-
NHES-MIRAMON ; baron de *Ceintrès* et de *Tajac*, seigneur de *Moyrasès*,
du *Bosc*, de *Flars*, *Servières*, *La Maurinie*, *Cassagnes-Comtaux*, co-
seigneur de *Rinhac* en Rouergue, baron de *La Roque*, *Foulholes*,
Giou et *Yolet*, seigneur de *La Salle*, *Bassinhac*, *Montamat*, *Loubejac*,
Antérieux, *Le Chaumeil*, *Celles*, *La Calsade*, *Maurèze*, *Le Cayre*, *La
Fage*, *Neyrebrousse*, *Brezons*, *Cezens*, *Montréal*, *Las Doulours*, *Marfonds*, *Polminhac*, *Roquecellier*, *Falguières*, *Féneirols*, *Saint-Clément*, *Teissière-les-Bouliès*, co-seigneur des villes et paroisses de *Vic*,
Thiézac, *Jou-sous-Monjou*, *Raulhac*, *Badalhac*, *Palherols*, *Cros*,
Ronnesques, *Saint-Étienne-de-Capels*, *Carlat*, *Vézac*, *Arpajon; Giou-
de-Mamou*, etc., en Haute-Auvergne ; seigneur de *Balsac*, *Combadine*, *Saint-Hérem*, *Cocudon*, *Rioumartin*, *Gizaguet*, *Saint-Gérons*,
en Basse-Auvergne ; co-seigneur de la *baronnie de Landzer*, de *La
Hart* et de *Huningue* en Alsace.

Alexandre-Emmanuel avait été militaire dans sa jeunesse ; et
devint colonel du régiment de Provence ; mais il se retira du service
à son mariage. Peu après il fut pourvu de la charge de gentilhomme
de la chambre du roi. Il était le cinquième de sa maison qui obtenait
cette dignité (1).

Malgré ses nombreuses seigneuries, dont quatre au moins
avaient des châteaux meublés et entretenus, le marquis de Miramon
vivait rarement à la campagne. Il suffit pour s'en convaincre de jeter
un coup d'œil sur les lettres que lui écrivaient ses régisseurs et qui
commencent toutes ainsi : « Nous avons été désolés d'apprendre que
cette année encore nous ne verrions pas M. le Marquis. »... Pendant
ce temps, tout souffrait de l'absence du maître ; le trouble et la confusion régnaient partout ; c'étaient des jalousies et des querelles
perpétuelles entre les gens du marquis. Rien n'est curieux comme de
lire ces lettres dans lesquelles les intendants dénoncent les procureurs fiscaux, qui, à leur tour, accusent les intendants et les autres
officiers des diverses terres : il paraît, en particulier, que les juges
du seigneur, au lieu de rendre la justice aux paysans de la mouvance,
ne songeaient qu'à gagner de l'argent, comme avocats, en plaidant
au présidial voisin ; si bien que les justices seigneuriales appartenant
au marquis perdaient chaque jour de leur importance au profit des
justices royales qui les entouraient. Les fermiers payaient fort mal ;
des chicanes et des procès naissaient à tous moments, dont le marquis était bien ennuyé ; car il avait une horreur véritable pour toutes
ces tracasseries. Les gardes seuls paraissaient faire leur devoir ; mais
sitôt qu'un procès-verbal avait été dressé, c'était l'occasion de tiraille-
ments sans fin entre les officiers de la terre, dont l'un ne manquait

(1) Mémoires de famille ; annuaire royal ; généalogistes.

pas de prendre parti pour le délinquant, afin de faire opposition aux autres. Du reste, ce n'étaient de toutes parts que des protestations de respect et d'affection envers le marquis : et il semble que la plupart étaient sincères. Ce qui n'empêche pas que celui qui en était l'objet aurait eu le droit de dire, comme le personnage de Molière : « Je suis le gentilhomme le plus mal servi du royaume », s'il n'en avait été, croyons-nous, de même, ou à peu près, dans toutes les terres où le seigneur résidait rarement.

Ces renseignements se rapportent aux terres de la Haute-Auvergne et des environs de Brioude, où le marquis de Miramon venait cependant de temps à autre passer la belle saison. Que devait-il donc en être de celles de ses seigneuries dans lesquelles on ne le voyait pour ainsi dire jamais ! C'est là, sans doute, qu'il faut chercher la cause de la détermination qu'il prit de vendre ses propriétés du Rouergue. Son père avait commencé déjà à abandonner peu à peu ce pays ; Alexandre-Emmanuel s'en désintéressa entièrement, à tel point qu'au moment de la vente, Cassagnes et Le Cayla n'avaient pas été habités depuis quarante ans. Aussi, une fois sa résolution prise, ne voulut-il rien conserver dans cette province, où sa famille était née et s'était perpétuée pendant sept siècles ; il ne se réserva ni le vieil hôtel du bourg de Rodez, ni la forteresse du Cayla, ni le roc de Miramon, ni les ruines du château primitif de Cassagnes-Comtaux, ni rien de ce qui aurait dû lui rappeler tant de souvenirs. Il fit mettre cependant dans les contrats de vente que ni l'acquéreur avec lequel il traitait, ni aucun autre dans la suite n'aurait droit de prendre les noms de Cassagnes, Miramon, Le Cayla et Rinhac, que portaient et avaient porté ceux de sa maison.

Mais il paraît qu'il ne tarda pas à se repentir de ce qu'il venait de faire, car il réfléchit qu'en Auvergne il n'était rien par lui-même, mais simplement le représentant des maisons de Pesteils et de Brezons, tandis que les vieilles terres du Rouergue attestaient mieux que tous les parchemins l'antiquité de sa race. Pour continuer sur le sol d'Auvergne les traditions de sa maison, ils voulut donner aux terres, qui ne lui rappelaient que des souvenirs étrangers, des noms appartenant à sa famille. Son nom patronymique était Cassagnes ; il était marquis de Miramon, en Rouergue. Cassagnes et Miramon avaient été les plus importantes possessions des fondateurs de sa race ; ces terres représentaient en quelque sorte à sa mémoire les deux phases principales que sa maison avait traversées, depuis le XII° siècle ; c'est sous le nom de Cassagnes que ses ancêtres, déchus de leur haut rang, avaient longtemps vécu dans un coin du Rouergue, noblement, mais sans grand éclat ; mais, aussitôt qu'ils étaient rentrés en possession de Miramon, ils avaient repris une situation plus digne de leur origine. C'est pourquoi Alexandre-Emmanuel, voulant fondre ensemble ces souvenirs de deux époques différentes, sollicita l'érection en marquisat, sous la dénomination de Cassanhes-Miramon, de sept terres, châtellenies et baronnies qu'il possédait, contiguës les unes aux autres et dont la mouvance s'étendait sur tout le canton actuel de Vic. Le siège administratif du marquisat devait être au bourg de *Polminhac ;* le siège seigneurial au château de *Pesteils,* qui changea son nom contre celui de *Miramon.* Le roi accéda avec bonté à la demande d'Alexandre-Emmanuel et fit insérer dans la lettre d'érection du mois de mai 1768 un passage des plus flatteurs pour l'exposant et pour sa famille. Nous parlerons longuement dans un chapitre spécial du marquisat de Cassanhes-Miramon, dont l'importance était considérable.

Aux immenses possessions qui lui venaient des Pesteils et des Brezons, Alexandre-Emmanuel avait joint, en Haute-Auvergne, la baronnie d'*Yolet,* qu'il avait achetée du marquis de Malras, et celle de *Giou,* que lui avait vendue le comte de Montalembert. En outre, un sieur de Champsredonde, débiteur de sa famille, lui légua les terres de *La Fage,* haute et basse, du *Cayre,* de *Lassale,* et s'acquitta ainsi de sa dette ; c'est pour une raison analogue, croyons-nous, qu'il hérita de *Bassignac, Loubejac* et *Montamat,* par testament d'Antoine d'Humières, marquis de Vareille, dont il n'était aucunement parent. Par toutes ces possessions, dont les vastes territoires s'étendaient d'une façon presque continue des portes d'Aurillac à celles de Saint-Flour, le marquis de Miramon se trouvait être de beaucoup le plus puissant seigneur de la Haute-Auvergne. De ce chef, et grâce à la haute noblesse de sa maison, il avait acquis une notoriété attestée par les lettres du temps. Nous y voyons, en effet, qu'il était surnommé « le petit roi du Cantal » et que, dans le pays, pour le désigner, il n'était pas nécessaire de prononcer son nom : « Quand nos montagnards parlent de lui, ils ne le nomment même pas, mais ils ont tout dit quand ils ont dit : Moussu lou Marquis. »

Du reste, dans la province entière, qui contenait pourtant une foule de maisons opulentes et illustres, Alexandre-Emmanuel pouvait prétendre au premier rang parmi les seigneurs les plus puissants ; car, outre les terres dont nous venons de parler, il possédait encore autour de Brioude les belles et importantes seigneuries qui lui venaient des Brezons, ainsi que celle de *Saint-Gérons,* qu'il avait gagnée au jeu au marquis de Bouillé, cordon bleu.

Alexandre-Emmanuel possédait, en outre, à Paris, en commun avec ses beaux-frères, l'ancien hôtel de *Gesvres,* rue *Croix-des-Petits-Champs,* et une maison située dans la rue *Coq-Héron.* Quant à lui, il habitait l'hôtel Miramon, rue des *Roziers,* au Marais. Cette maison, qui a bonne apparence, existe encore aujourd'hui dans un grand état de délabrement. Les armes des anciens propriétaires s'y voient derrière des ballots de marchandises. Cette rue est remplie de vieux hôtels, dont les fières portes cochères indiquent combien était aristocratique la population de ce quartier. C'est là qu'était la résidence habituelle du marquis de Miramon. Mais il avait encore un pied à terre à Versailles, où il devait se rendre fréquemment; car quelques-unes des rares lettres de lui qui nous soient parvenues sont datées de ce lieu.

Il avait, en outre, en Alsace des intérêts considérables, quoique indivis entre lui et quelques parents. Son fils devait y acquérir la propriété de vastes territoires. A ces propriétés d'Alsace se rattache un petit roman de succession assez curieux et sur lequel nous possédons un grand nombre de renseignements. Aussi le raconterons-nous à cette place, bien que les personnages en appartiennent plutôt à la génération suivante.

Alexandre-Emmanuel avait épousé ÉMILIE-ESTHER, fille de très haut et très puissant seigneur, messire Charles-Barthélemy de LA TOUR-DU-PIN, chevalier, marquis de GOUVERNET et de Senevière, vicomte de Calvinhac et de Gaiffié, baron d'Aix et d'Auberives, seigneur de Chaunas, Marennes, co-seigneur de *Landzer*, grand sénéchal de Diois et de Valentinois, chef de nom et d'armes de l'illustre maison dont les ancêtres avaient donné le Dauphiné à la France.

La mère de Charles-Barthélemy, ESTHER d'HERWART, était fille d'un gentilhomme d'Augsbourg, contrôleur général des finances pendant la minorité de Louis XIV, et auquel ce prince, après la conquête de l'Alsace, avait fait don de la baronnie de *Landzer*, en récompense des grands services qu'il avait rendus à l'État. Cette terre, composée de trente-six bourgs, comprenait un territoire de vingt-cinq lieues de long sur huit de large et s'étendait des faubourgs de *Basle* jusqu'à *Neuf-Brissac*. Les villes de *Huningue*, *Mulhouse* et *Altkirch* y étaient englobées et en dépendaient. Elle était patrimoniale, allodiale et affranchie de tous droits ; elle avait la haute, moyenne et basse justice ; le seigneur jouissait de toutes les prérogatives et honneurs attachés aux plus grandes terres du royaume et nommait seul à tous les offices, qui étaient nombreux et d'un revenu considérable.

Esther d'Herwart eut quatre enfants : une fille, mariée à lord Clan, qui mourut sans enfants ; une autre qui épousa le marquis de Virville, de l'illustre maison de Peyre, en Gévaudan ; puis l'abbé de Gouvernet et Charles-Barthélemy, père de la marquise de Miramon. Esther légua à celui-ci sa part de la baronnie de Landzer, en établissant une substitution, en vertu de laquelle lesdits biens devaient être indivisibles et devaient appartenir toujours à l'aîné mâle de ses descendants : de telle sorte que, si la postérité de l'aîné de ses petits-enfants venait à s'éteindre à quelque génération que ce fût, les biens en question devaient revenir à la descendance directe du second, et ainsi de suite.

Plus tard, à la suite de la révocation de l'édit de Nantes, Esther, qui était protestante, se retira en Angleterre, où elle hérita du reste de la baronnie de Landzer, après le décès de son frère. Ayant alors fait deux lots de cette nouvelle portion, qui était plus considérable que la première, elle donna l'un à sa fille, la marquise de Virville, et l'autre à Charles-Barthélemy, les seuls de ses enfants qui eussent postérité.

Charles-Barthélemy laissa un fils, nommé Frédéric, qui hérita des grands biens de sa maison, et trois filles : la marquise de Veyne, en Dauphiné ; la marquise de Miramon, et la troisième mariée à Alexandre de Crussol d'Uzès, marquis de Montsalès et d'Amboise.

Frédéric n'eut pas d'enfants et fit, en 1721, un testament par lequel il instituait ses sœurs héritières universelles de ses biens. Malheureusement celles-ci, s'étant trouvées insuffisamment dotées, lui firent des réclamations et, sur son refus formel, lui envoyèrent des huissiers en 1742 et l'attaquèrent devant les tribunaux. Le procédé était dur : le marquis de Gouvernet en fut blessé, et, dans un moment de colère, il écrivit sur une feuille volante un codicile dans lequel il déshéritait ses sœurs et léguait tous ses biens au marquis de La Tour-du-Pin-la-Charce, fils de son cousin germain. Peu après, Frédéric ayant gagné son procès et ses sœurs lui ayant fait des excuses, la bonne intelligence revint dans la famille pour ne plus être jamais troublée. Le marquis de Gouvernet jeta son codicile au panier et ne songea plus aux griefs qui l'avaient motivé. Après la mort de ses sœurs, il reporta toute son affection sur leurs enfants, les voyant très fréquemment et leur témoignant beaucoup d'amitié, particulièrement à son neveu Gaspard de Miramon. Il mourut en 1774, entouré de tous ses neveux, qui le soignaient depuis quelques années avec grand dévouement. La veille de sa mort, il avait dit à son médecin qu'il avait négligé depuis longtemps de rédiger ses dernières volontés ; mais il indiqua l'endroit où était déposé le testament de 1721. On le trouva, en effet, dans une maison de la rue de Vaugirard, attenante à un grand jardin, où le marquis de Gouvernet s'était livré autrefois à la culture des fleurs, mais qu'il n'habitait plus depuis longtemps. Les Miramon et les de Veynes étaient seuls héritiers, car leur cousin Crussol était mort jeune, sans enfants, laissant à son oncle, le duc d'Uzès, tout ce qu'il n'avait pas mangé de ses biens. La succession du marquis de Gouvernet était fort considérable et était estimée, tant en terres qu'en valeurs et en bijoux, à plus de trois millions, sans comprendre dans cette somme les propriétés d'Alsace. Déjà les deux neveux accomplissaient les formalités légales pour être envoyés en possession de l'héritage, quand, par hasard, on découvrit dans cette même maison de la rue de Vaugirard, parmi des papiers de rebut, des recettes de jardinage et des paquets de graines, tout jauni et tout chiffonné, sans cachet ni suscription, le codicile que le défunt avait écrit en 1742, dans un moment de colère. Le marquis de Gouvernet s'était installé fort peu de temps après dans l'hôtel où il était mort, ne venant que fort rarement rue de Vaugirard et n'ayant jamais remis les pieds dans sa chambre ; c'est ce qui explique comment ces paperasses n'avaient été ni jetées ni brûlées. Il arriva de cela que MM. de Miramon et de Veynes eurent beau démontrer que ce morceau de papier oublié dans un coin ne pouvait représenter les dernières volontés de leur oncle, toutes leurs protestations ne purent rien contre un écrit ; et, comme la date du codicile était postérieure à celle du testament, ce fut le marquis de la Charce qui fut proclamé héritier.

Mais tous les biens de Frédéric de la Tour-du-Pin n'étaient pas transmissibles à des étrangers. La substitution établie par Esther d'Herwart préservait de ce sort une partie de la terre de Landzer, qui passa au marquis de Veynes, comme à l'aîné des arrière-petits-fils de la testatrice. Quant à l'autre portion de Landzer, celle qui avait été partagée par Esther entre son fils et sa fille, le père de la marquise de Miramon y avait pourvu par son testament ; il avait disposé, en effet, que, dans le cas où son fils viendrait à décéder sans enfants, les biens d'Alsace seraient partagés entre les sœurs de celui-ci ou leurs descendants. Les Miramon achetèrent aux de Veynes leur part dans ce lot. De plus, le marquis de Veynes étant mort sans laisser de postérité, la portion substituée par Esther d'Herwart fit retour au marquis de Miramon, qui était le fils aîné de la seconde des La Tour-du-Pin. Celui-ci acquit, en outre, une partie des droits des héritiers de la marquise de Virville, et se trouva être ainsi le seigneur presque unique et en tous cas de beaucoup le plus considérable de l'immense territoire de Landzer. Comme bien l'on pense, étant données les mœurs du temps, tous ces arrangements ne se firent pas sans une foule de procès, dont les énormes dossiers encombrent les papiers de famille de la maison de Cassagnes.

L'alliance des La Tour-du-Pin apporta aux Miramon une parenté nombreuse. Nous avons vu que les de Veynes s'étaient éteints sans postérité ; mais la fille du beau-frère d'Alexandre-Emmanuel avait épousé le marquis de Sieyès et eut deux fils, qui épousèrent MM^{lles} de Virieu et de Laurencin, et deux filles, mariées au marquis de Simard et au comte de Portes.

Le marquis de Miramon était cousin issu de germain de tous les La Tour-du-Pin, fort lié entre autres avec le ministre de la Guerre de Louis XVI et avec son gendre, le fameux Alexandre de Lameth.

Par la marquise de Virville, sœur de Charles-Barthélemy, marquis

de Gouvernet, les Miramon se trouvaient cousins germains du marquis
de Senozan, cousins issus de germains du comte Archambaud de Périgord, qui possédait Landzer conjointement avec eux, et étaient en même
temps parents du frère de ce dernier, l'évêque d'Autun, qui devint le
fameux Talleyrand.

Par les Virville, ils étaient encore cousins germains du prince de
Tingry-Montmorency, père de la duchesse de Luxembourg, grand-père
de la princesse de Léon.

La mère d'Émilie-Esther de Gouvernet, marquise de Miramon, était
de la maison de GOUSSET de LA ROCHE-ALLARD. Ses deux frères étaient
vice-amiraux de France. L'aîné eut deux filles, l'une mariée au comte
d'Aubigny d'Assy, chef d'escadré, l'autre au marquis de Caumont, capitaine de vaisseau. La marquise de Caumont fut belle-mère de M. de
Suzannet, si célèbre dans les guerres de Vendée, et du marquis de La
Rochejacquelin, maréchal de camps, père du jeune héros.

Pour compléter le tableau des alliances de la maison de Cassagnes à cette époque, ajoutons que le marquis Alexandre-Emmanuel
eut trois filles :

La première, dite Mme de PESTEILS, devint supérieure du couvent d'Aurillac ;

La seconde, CHARLOTTE-FIACRE, épousa, en 1758, messire de
TOUCHEBŒUF, comte de CLERMONT, arrière-petit-fils du beau-frère
du premier marquis de Miramon. De cette union naquit un fils, qui
épousa Mlle de Durfort. La descendance s'est fondue de nos jours
dans les Belcastel et les Laurent-Castelet ;

La troisième fut la femme de messire Balthazard de LANGLADE,
comte de SAINT-PAUL du CAYLA, vicomte de Vazeilles, baron de
Montauroux, etc., mestre de camps de cavalerie, brigadier des armées
du roi. Le père de celui-ci, appelé le vicomte du Cheyla, qui était
déjà parent de la maison de Cassagnes par les Pesteils-Caylus, avait
été lieutenant-général et cordon bleu. Jeanne-Camille de Cassagnes,
comtesse de Saint-Paul, n'eut qu'une fille, morte sans alliance, qui,
dans notre siècle, a légué ses biens au marquis Guillaume-Louis de
Miramon.

Alexandre Emmanuel eut en outre trois fils :

I. JEAN-GASPARD, très haut et très puissant seigneur, messire,
monseigneur, chevalier, d'abord marquis de *Pesteils* du vivant de
son père, puis marquis de MIRAMON, de CASSANHES-MIRAMON ; baron
de Giou, etc.; comte de Paulhac, etc.; baron de LANDZER et de
HUNINGUE.

Il fut institué héritier universel par son père et fut un moment
aussi riche que lui ; car, s'il n'eut plus les seigneuries du Rouergue
qui avaient été vendues, il réunit entre ses mains les diverses portions des immenses propriétés d'Alsace.

Il naquit en 1730 et fut baptisé quatre ans plus tard. Il eut pour parrain son oncle, de La Roche-Allard, vice-amiral de France et cordon rouge, qui fut remplacé par Louis de Crussol d'Uzès, et pour marraine sa tante, la comtesse du Rochain.

A peine âgé de 16 ans (1), il entra au service, fit les trois dernières campagnes de la guerre de Succession d'Autriche et fut blessé à Lawfeld. Au moment de la signature du traité d'Aix-la-Chapelle, en 1748, n'ayant encore que 18 ans, il était capitaine dans Orléans-cavalerie. Réformé à la paix, il entra deux ans plus tard dans les mousquetaires gris, d'où il ne sortit que pour prendre le commandement d'un régiment de dragons noirs. C'est en cette qualité qu'il fit toutes les campagnes de la guerre de Sept-Ans, pendant lesquelles il reçut plusieurs blessures. Sa santé en ayant été fortement ébranlée, il ne put songer à poursuivre la carrière militaire et, dès la cessation des hostilités, il se retira du service. Peu de temps après, il épousa, en Agénois, Marie-Anne de BARDONIN de SANSAC, fille de haut et puissant seigneur le comte de Sansac, marquis de Sonneville, baron d'Allemans et de Pardaillan, etc., et de très illustre dame Marie de MORET de PEYRE de MONTARNAL.

Le marquis de Miramon demeurait presque toujours à Paris, d'abord rue des Roziers, dans l'hôtel de sa famille, puis au n° 69 de la rue de *Vaugirard,* dans une grande et belle maison appartenant au marquis de Laguiche. C'était, en effet, l'époque où les dernières grandes familles qui habitaient encore Le Marais quittaient ce vieil et aristocratique quartier pour venir s'installer dans le faubourg Saint-Germain. Jean-Gaspard était affligé d'infirmités précoces, qu'il devait moins à ses blessures qu'à son tempérament extrêmement goutteux. La goutte s'était portée de bonne heure à la poitrine, à la tête et particulièrement sur les yeux, le mettant pendant plus de deux ans hors d'état de supporter la moindre lumière. Il nous apprend lui-même que sa mauvaise santé fut la cause pour laquelle il ne brigua jamais aucun des emplois auxquels sa naissance, sa position, son illustre parenté et ses nombreuses relations lui donnaient le droit de prétendre. Il n'allait que fort rarement à la Cour, particulièrement après la mort de son père, et occupait ses loisirs à écrire des notes sur les sujets les plus variés, sans aucune préoccupation de style et au hasard de sa fantaisie. Il passait son temps à faire des arbres généalogiques ou à noircir le premier bout de papier qui lui tombait sous la main d'une écriture mal formée, serrée, sans ponctuation ni majuscule et le plus souvent surchargée de ratures, de corrections et de renvois. Nous avons eu l'heureuse chance de retrouver un certain nombre de ces feuilles, éparses, mélangées avec de vieux bouquins et des débris de toutes sortes, dans des caisses oubliées au fond d'un

(1) Mémoires et notes de famille ; brevets et passeports.

grenier. Elles nous ont été d'un grand secours pour écrire cette histoire de notre famille : car elles nous ont fourni beaucoup de renseignements inédits que l'on ne saurait demander à la sécheresse des tableaux généalogiques.

Au mois de juin 1787, une lettre datée de Versailles vint donner au marquis de Miramon une occupation momentanée. Par cette lettre, le roi Louis XVI l'avisait qu'il l'avait nommé membre de l'Assemblée provinciale d'Auvergne, pour y représenter la noblesse des élections d'Aurillac et de Saint-Flour. Cette distinction était flatteuse, car dans toute la province le roi n'avait pris parmi les représentants de l'ordre de la Noblesse que quatre autres membres : le c^te de Laqueuillle, le marquis de Lévy-Mirepoix, le marquis de La Rochelambert et le marquis de Lafayette. Cette Assemblée, qui ressemblait en certains points à nos Conseils généraux actuels, mais avec cette différence que ses fonctions étaient beaucoup plus étendues et qu'elle était chargée d'administrer une grande province et non un simple département, était composée de la réunion des trois ordres et devait siéger plusieurs fois par an ; entre autres choses, elle avait à préparer l'élection des députés aux États-Généraux. La noblesse de l'arrondissement d'Aurillac offrit au marquis de Miramon la mission de la représenter ; mais celui-ci, dans une lettre qui nous est parvenue, déclina cet honneur, en alléguant sa mauvaise santé. Ce fut le marquis de St-Martial de Conros qui fut élu.

Dès le mois de septembre 1789, le marquis de Miramon demandait à son cousin Montmorin, alors ministre, un passeport pour lui, sa femme et le comte et la comtesse du Plessis-Châtillon : ils devaient aller faire un voyage en Suisse. Nous ne savons pas bien s'ils rentrèrent en France. En tous cas, au mois de mars 1792, le m^is Gaspard passait à Tournai, en Belgique, pour aller aux eaux d'Aix-la-Chapelle : il était censé avoir quitté le royaume depuis quelques jours seulement et pour des raisons de santé. Mais, d'après les mystères dont il s'entourait et l'incertitude de son domicile depuis plus d'un an déjà, incertitude dont témoignent les lettres de ses hommes d'affaires, nous avons tout lieu de supposer qu'il avait mis depuis longtemps la frontière entre lui et la tourmente révolutionnaire, tout en s'efforçant de ne pas être inscrit sur la liste des émigrés. Étant à Tournai, il échangea une correspondance avec le marquis de Laqueuille, son ancien collègue aux États de Clermont, qui commandait en émigration la noblesse de la province. Il demandait à être inscrit parmi les signataires de l'acte de coalition des gentilshommes d'Auvergne. Ses infirmités l'empêchant de mettre son bras au service de la cause royale, il réclamait au moins la faveur de l'aider de son argent. Le pauvre homme se croyait encore riche ; car il ne recevait pas ou ne recevait que très irrégulièrement et par ricochet les lettres de ses hommes d'affaires, qui lui faisaient un tableau désolant de ce qui se passait dans ses terres. Ses bois, ses champs, ses greniers étaient chaque jour mis au pillage. Les fermiers refusaient de payer et allaient jusqu'à contester à leur maître son droit de propriété ; car ils flairaient déjà la curée prochaine. Le notaire Traynier, son intendant, le sieur Loussert, son procureur fiscal, Bertrand, juge du marquisat, son procureur syndic, son lieutenant particulier, tous les officiers de ses terres lui écrivaient des lettres pressantes pour le prier de leur envoyer son certificat de résidence dans le royaume, croyant ou feignant de croire qu'il était encore à Paris ; car le marquis avait trouvé un subterfuge pour faire dater ses réponses de ce lieu. Ce certificat devait avoir une grande importance, puisque la loi sur les émigrés venait d'être édictée. Mais Gaspard ne pouvait croire qu'on le dépouillât de ses biens. Il avait émigré, c'est vrai, mais pour cause de santé seulement ; et il lui semblait que le patriotisme n'exigeait pas qu'on refusât de devoir sa guérison à des eaux étrangères. D'autre part, maintenant qu'il était hors de France, il pensait qu'il eût été puéril de se rejeter volontairement dans la gueule du loup ; car, si on le rappelait, c'était en lui montrant les dents. Il avait bien, il est vrai, l'exemple de ses frères, le comte et l'abbé, qui vivaient à Paulhac, sans être trop inquiétés ; mais il voyait de toutes parts tant de gentilshommes incarcérés ou massacrés sans motifs, qu'il crut prudent d'attendre de loin. Il attendit si bien qu'il reçut successivement les plus fâcheuses nouvelles.

Le 19 mars 1792 au matin, les officiers municipaux de Polminhac avaient reçu l'avis d'avoir à réunir la garde nationale de leur paroisse pour s'unir en fédération et fraterniser avec celles de Giou et d'Yolet. La garde nationale de Polminhac n'étant pas encore organisée à cette époque, la municipalité rassembla la majeure partie des citoyens de la commune. Cet attroupement illégal était à peine formé qu'on avait vu arriver la paroisse d'Yolet, ayant à sa tête les nommés Pouzols, de Falguières, et Trémonie, d'Yolet, et celle de Giou, conduite par Viallard, de La Barate, Boisson, de Roques, et Bonnafé, de Mamou. Tout le monde s'était réuni, et tout à coup on avait entendu crier qu'il fallait se porter sur Miramon. Immédiatement on avait formé trois colonnes, représentant les trois soi-disant gardes nationales, au nombre de quatre cents hommes environ, et l'on était monté au château, où la troupe n'avait pas tardé à se grossir de trois cents autres individus. Ç'avait été dans la cour d'entrée, dont la terrasse domine hardiment le bourg couché à ses pieds, un cliquetis et un scintillement de fusils, de haches, de fourches et de piques, un concert sauvage et assourdissant de voix surexcitées qui criaient à pleine gorge le patois auvergnat, aux notes chantantes ; et au milieu de tout ce peuple les officiers municipaux et les meneurs se frayaient péniblement un passage, tout fiers de commander à ces braillards, et

dans leur vanité se croyant peut-être autre chose que des voleurs.
Jamais le vieux château, qui avait pourtant soutenu un siège contre
les Anglais, qui avait été pris et repris deux fois pendant les guerres
de religion, n'avait assisté à un pareil spectacle, à la fois effrayant et
ridicule. Car le premier acte des envahisseurs avait été de demander
à boire et à manger, en spécifiant qu'ils voulaient qu'on leur servît
du gras, attendu que M. l'Évêque l'avait permis, quoiqu'on fût en
carême (ce scrupule semble curieux en pareil cas). Traynier, devant
les menaces, avait envoyé chercher du beurre, du pain et deux
cochons (sauf votre respect, Monsieur le Marquis). Quant au vin, les
visiteurs avaient eu l'honnêteté de se servir eux-mêmes en défonçant
les caves. Vers les quatre heures du soir, après s'être bien repus, les
gens d'Yolet et de Giou avaient exigé qu'on leur souscrivît une pro-
messe de trois barriques de vin et de trois cents livres d'argent pour
les pauvres ; sinon, ils étaient résolus, avant de partir, à tout brûler,
piller, saccager et tuer. Puis ils avaient visité le château pour voir
s'il n'y avait pas des armes et des aristocrates. Guidés par d'anciens
domestiques de la maison, entre autres par un nommé Matres, de
L'Hôpital, ils avaient tout ouvert ou enfoncé et avaient pénétré dans le
caveau où étaient enfermés les vins de Champagne, d'Espagne, etc.
Ils avaient enlevé les bouteilles, ainsi qu'une grande quantité de linge
et d'effets, des papiers et toute l'avoine. Puis ils avaient exigé la
démolition des girouettes et d'une pierre au-dessus de la porte d'entrée, sur laquelle étaient gravées les armoiries. On évaluait à plus de
six mille livres les dégâts faits dans cette journée, sans compter les
billets qu'on avait dû souscrire. Enfin, la nuit venue, toute cette
troupe s'était retirée en faisant des protestations et de vives menaces
de revenir bientôt, attendu qu'ils n'avaient pas accompli entièrement
leurs différents projets. Le lendemain, la municipalité d'Yolet était
revenue, annonçant que, si on voulait éviter le retour de sa troupe, il
fallait donner encore quatre cents livres pour acheter des armes. Le
24, une centaine d'individus de Giou avaient envahi de nouveau le
château, ayant à leur tête Viallard père ; et les gens de Miramon
avaient réclamé en vain la protection de la municipalité de Polminhac.
Il avait fallu les nourrir, les abreuver et acquiescer à leurs énormes
réclamations : or, ils ne demandaient pas moins de six livres par tête,
plus une contribution de vingt-quatre mille livres, payable en assi-
gnats. Pour tous remerciements, ils s'étaient retirés à cinq heures en
proférant des menaces.

Venaient ensuite les réclamations particulières. Un nommé
Meyniel, du Couderc, qui avait été pris trente ans auparavant par les
gardes commettant quelque délit et auquel le marquis avait fait
grâce, réclamait quand même une forte indemnité pour le dommage
qu'il prétendait lui avoir été fait alors. Un autre, qui était en procès

avec le marquis, exigeait que celui-ci se désistât et se condamnât lui-même. Un troisième voulait qu'on lui remboursât une somme considérable, sous prétexte que lui et ses auteurs avaient toujours payé des fermages trop élevés. Enfin, un grand nombre de braves gens avaient, eux aussi, réclamé de l'argent, sans pouvoir formuler aucune raison ; ils avaient entendu dire qu'on payait largement au château, et étaient venus comme les autres. Mais, comme leurs demandes étaient accompagnées de menaces et que tout le monde était affolé, il fallait le plus souvent céder.

Au milieu d'avril, le marquis de Miramon recevait une autre lettre dans laquelle on lui annonçait que les gens de Badalhac et de Raulhac avaient visité son château de Bassignac, festoyé toute la nuit à ses dépens et enlevé du bétail ; et, quelques jours après, que son château de Neyrebrousse avait été entièrement dévasté par les habitants des communes de Cezens et autres.

Le marquis dans ses réponses s'indignait de tous ces méfaits ; il ordonnait de poursuivre les coupables en justice et les menaçait de la rigueur des lois. Mais on lui faisait observer que les tribunaux étaient très indulgents pour les émeutiers et que, d'ailleurs, il devait être heureux d'en être quitte à si bon marché ; car, en ce moment, les châteaux de La Rodde, de Sénezergues, de Ladinhac, de La Besserette étaient en flammes ; d'autres avaient été vendus.

Cette consolation, quelque maigre qu'elle fût, ne devait même pas être laissée au marquis ; car, vers la fin de la même année, il apprenait que le département, n'ayant pas reçu son certificat de résidence, l'avait compris dans le nombre des émigrés et avait mis en vente tous ses biens. Les acquéreurs ne manquèrent pas ; et pendant les quelques mois qui suivirent, il fut vendu pour deux millions trois cent mille francs de propriétés appartenant au marquis de Miramon, dans les paroisses de Vic, Polminhac, Badalhac, Palherols, Carlat, Saint-Clément, Yolet, Vézac, Malbos, Brezons, Cezens et Antraygues dans l'Aveyron. Or, la liste à laquelle nous empruntons ces renseignements est loin de contenir la nomenclature complète de tous les biens de la famille qui furent acquis nationalement. Si l'on se rappelle en outre que les propriétés des émigrés se vendaient à des prix très inférieurs et que la valeur de l'argent était bien plus considérable à cette époque qu'aujourd'hui, on comprendra quelle perte énorme faisait subir à Gaspard de Miramon l'inique mesure prise contre lui. Du reste, les terres devaient nécessairement se vendre moins cher depuis l'abolition des droits féodaux, puisqu'elles rapportaient infiniment moins. En effet, le seigneur d'une terre pouvait, du fait de cette propriété et en vertu d'anciens arrangements consentis par ses auteurs, avoir sur des fonds voisins ou même éloignés et ne lui appartenant pas des droits de lods, de rente, de directe, de censive, de dîme, etc., qui étaient pour lui d'un revenu souvent bien plus élevé que celui de sa propre terre. Nous avons calculé que le rapport du marquisat de Cassanhes-Miramon était doublé par le produit des droits qui lui appartenaient dans un grand nombre de paroisses.

Quoi qu'il en soit et pour revenir à notre sujet, le marquis Gaspard fut dépouillé de tout ce qu'il possédait dans la Haute-Auvergne ; les immeubles de Paris furent saisis : maisons et châteaux furent pillés et ce qui resta de mobilier fut mis aux enchères. A Miramon, cette vente rapporta quarante mille francs. Quant aux seigneuries d'Alsace, qui consistaient surtout en droits de toutes sortes que l'État avait cependant reconnus tout d'abord, mais que le département se hâta d'assimiler à des droits féodaux, on n'en fit qu'une bouchée. Le Domaine s'empara de la belle forêt de *La Hart ;* les communes se partagèrent le reste. Seules les propriétés de Basse-Auvergne ne furent pas vendues, parce que le marquis les avait données en dot à sa fille, non émigrée. On trouvera vers la fin de cet ouvrage la liste d'un grand nombre d'acquéreurs nationaux des biens de la maison de Cassagnes.

Pendant qu'on pillait ses châteaux et qu'on vendait ses terres, le marquis de Miramon était à Aix-la-Chapelle, où, n'ayant pas reçu un sou depuis deux ans qu'il avait quitté la France, il ne tarda pas à être en proie à la plus affreuse misère. Il cautionna cependant, en escomptant l'avenir, les emprunts faits par la coalition de la noblesse d'Auvergne dont il faisait partie, mais il ne put rien donner pour le présent. L'hiver de 93-94 fut très rude pour Gaspard et sa femme. Manquant de tout, et trop fiers pour demander assistance autour d'eux, ils avaient encore souffert tous deux d'une cruelle maladie, à laquelle ils n'échappèrent que grâce aux bons soins de leurs domestiques. Mentionnons en passant les noms de ceux-ci ; car ils le méritèrent par leur dévouement à leurs maîtres pendant la Révolution : le valet de chambre s'appelait, croyons-nous, Carré, et la femme de chambre Hammel. On fit à cette époque au marquis de Miramon la proposition de se retirer dans une communauté d'hommes, moyennant une légère pension, tandis que la marquise trouverait un refuge dans un couvent de femmes ; mais les deux époux refusèrent de se séparer.

Le comte du Plessis-Châtillon, qui combattait dans l'armée de Condé, n'apprit qu'au retour du printemps le dénûment de ses beaux-parents ; il leur envoya sa femme pour vivre avec eux, mais ne put que faiblement leur venir en aide. Les émigrés trouvaient des difficultés presque insurmontables à emprunter même de petites sommes, car on commençait à craindre qu'ils ne pussent pas rentrer dans leurs biens. Le marquis de Miramon avait beau représenter qu'il possédait en Auvergne pour trois millions de biens-fonds sur lesquels la législation nouvelle n'avait aucune prise, que sur la frontière il était seigneur d'un canton tout entier, les bourses ne s'ouvraient que rarement. Cependant il eut un moment plus heureux, lorsque les armées de Condé, Wurmser et Brunswick occupèrent la Basse-Alsace pendant tout un automne. La terre de Landzer était comprise dans ce territoire ; et plusieurs personnes sollicitèrent le marquis de Miramon de les nommer aux divers offices de judicature, qui étaient nombreux et d'un revenu assez considérable. Gaspard ne voulait pas vendre ces offices, surtout à cause de l'incertitude de l'avenir ; mais il acceptait que ses élus lui procurassent quelques petits emprunts. C'est ainsi qu'un sieur Roth-Jacob, protégé du prince de Rohan, fit prêter par celui-ci la somme de cent louis au seigneur de Landzer, qui l'avait nommé bailli de sa terre : la charge rapportait dix mille livres par an et valait bien cette petite complaisance.

Il fallait de l'argent pour vivre ; il en fallait aussi pour voyager. Le marquis et sa femme furent plusieurs fois contraints de fuir à l'approche des armées françaises ; car les commissaires traitaient avec la dernière rigueur les émigrés qui leur tombaient sous la main. Aussi ce malheureux ménage dut-il se réfugier à Coblentz, à Mayence, à Dusseldorf, en Suisse et finalement à Carlsruhe, dans le margraviat de Bade, où il arriva en janvier 1795 et séjourna au moins jusqu'en 1798. Les deux époux durent s'arrêter dans cette ville ; car ils étaient malades et à bout de leurs ressources. Aussi, quand l'armée de Jourdan envahit la contrée, n'eurent-ils d'autre parti à prendre que de se cacher et de rester pendant toute la durée de l'occupation enfermés dans leur chambre. Quelque temps après, le duc de Berry, informé de leur détresse, leur écrivit pour les consoler et leur exprimer ses sympathies. Le margrave de Bade eut la générosité de leur venir en aide dans deux ou trois circonstances.

A partir de cette époque, nous perdons un peu de vue le marquis et sa femme, jusqu'à ce que nous les retrouvions à Lyon en 1801, au moment où ils viennent d'obtenir leur radiation de la liste des émigrés. Gaspard séjourna pendant deux ans dans cette ville, d'où il entretenait avec diverses personnes d'Aurillac une correspondance suivie, afin d'aviser aux moyens de rentrer dans ses biens. En 1803, après un séjour à Paris, il se décida à venir se fixer dans le Cantal, pour être plus facilement en rapport avec les acquéreurs de ses propriétés. C'est à Aurillac, rue du Consulat, dans une maison appartenant à un marchand nommé Chibret, qu'il vécut jusqu'en 1810, sans cesse occupé de nouveaux projets d'arrangements, de transactions, de rachats, et aidé dans cette besogne par MM. le baron Perret, maire d'Aurillac, et Labro. Dans les premiers temps, il aurait pu, s'il avait voulu, obtenir des compensations en argent assez considérables ; car les acquéreurs de biens nationaux, surpris par le retour des émigrés et inquiets pour l'avenir, ne demandaient pas mieux que de régulariser leur situation vis-à-vis des premiers propriétaires, dont ils détenaient les biens en vertu d'une mesure révolutionnaire. Malheureusement le marquis était trop exigeant et réclamait la restitution d'une notable portion de ses domaines, ou du moins l'équivalent de sa valeur : ce dont on ne saurait en conscience lui faire un reproche, puisqu'il avait droit à tout. On ne s'entendit pas ; les choses traînèrent en longueur. Pendant ce temps, les acquéreurs, voyant qu'ils n'étaient pas inquiétés, s'enhardissaient peu à peu et devenaient de jour en jour moins conciliants. Si bien qu'en 1810, lorsque le marquis Gaspard mourut, il n'avait pour ainsi dire rien obtenu et était, à peu de choses près, dans la même position de fortune qu'à son retour d'émigration. La succession de ce grand seigneur, dont dans toute la province on vantait jadis la fortune et la puissance, se trouvait être tellement embrouillée que sa fille, la comtesse de Miramon, ne se sentit pas la force de l'accepter et que seule la comtesse de Châtillon osa la recueillir. Nous ne nous attarderons pas à faire ressortir, en guise de conclusion, l'infortune de notre pauvre grand-père, qui, né dans la plus brillante position de famille et de fortune, fut pendant dix ans fugitif à travers l'Allemagne, ne sachant où reposer sa tête, accablé par de cruelles souffrances que sa pauvreté rendait encore plus pénibles, et qui vint enfin mourir à l'auberge comme un étranger, au milieu de terres dont il s'étonnait encore de ne plus être le seigneur. Il est des situations plus éloquentes que les meilleurs développements : et d'ailleurs nous avons hâte de nous reporter à des temps plus heureux.

Nous avons vu que Gaspard de Miramon avait épousé Marie-Anne de Bardonin, comtesse de Sansac. C'était, paraît-il, une femme de mérite, intelligente, spirituelle et ayant fort grand air. Elle s'était fait, sous l'ancien régime, dans la société parisienne, une position que plusieurs lettres de l'époque nous attestent. Son salon était des mieux composés ; et pendant l'émigration son modeste appartement recevait la visite des personnes les plus considérables de l'ancienne cour.

La marquise de Miramon mourut à Aurillac deux ans après son mari.

La maison à laquelle elle appartenait était triplement alliée à celle de Bourbon : ses trois arrière-grands-pères paternels et maternels, le comte de Sansac, lieutenant-général des armées, tué au siège d'Alexandrie ; le marquis de Moret-Montarnal, comte de Peyre, maréchal de camps, et le marquis des Cars, avaient épousé les trois dernières représentantes de la branche des Bourbon-Malause. Or, la mère de la m^{ise} de Miramon était Moret-Montarnal et sa grand'mère Peyrusse des Cars.

La comtesse de Sansac, née Moret-Montarnal, avait une sœur,

mariée au marquis de Gallard-Terraube. Sa fille, notre arrière-grand'
mère, se trouvait par elle être cousine germaine du comte de Peyre,
gouverneur du Bourbonnais, de Mgr de Gallard, évêque du Puy, du
marquis de Gallard-Terraube, qui avait épousé Mlle de Lostanges, de
Mlle de Moret, mariée au marquis d'Astorg, et de sa sœur, femme du
marquis de Gélas, de la maison de Lautrec.

Par la grand'mère de sa femme, le marquis Gaspard était neveu du
marquis des Cars, marié à Mlle de Lastic, du marquis de Saint-Chamant
et du marquis du Garric d'Usech de Montastruc ; cousin issu de germain
du marquis des Cars, époux de Mlle de Polignac, et du comte d'Abzac,
qui s'était allié à la dernière des Garric d'Uzech.

La marquise de Miramon avait un frère, comte de Sansac, marquis
de Sonneville, etc., qui épousa Mlle de Timbrune-Valence, fille du marquis de ce nom, lieutenant-général, gouverneur des Invalides et cordon
bleu. Leur fils est décédé sans postérité dans la première moitié de ce
siècle, laissant ses biens au marquis de Miramon, de Fargues, son
neveu.

Avant de parler des filles issues du mariage de Gaspard de Miramon, une histoire complète de la famille ne doit pas oublier de men-
tionner l'existence d'un personnage qui leur tenait de fort près, sans
avoir sa place marquée dans les degrés de la généalogie. Mais l'époque où il vivait est encore trop rapprochée pour ne pas nous imposer
la plus extrême réserve. Qu'il nous suffise de dire que Gaspard
s'intéressait beaucoup à un jeune homme auquel il avait de bonnes
raisons de témoigner quelque attachement, qu'il se chargea des frais
de son éducation au collège Sainte-Barbe et lui servit une pension
viagère aussi longtemps qu'il le put. Ce jeune homme devint un
savant et un helléniste remarquable. De 1784 à 1794, il dirigea le
collège Sainte-Barbe, dans lequel il avait été élève, professa ensuite
la rhétorique au lycée Bonaparte et se retira, en 1808, avec le titre
de professeur émérite. Sous la monarchie de Juillet, il fut nommé
conservateur de la bibliothèque de la Sorbonne et mourut en 1853.
Nous ne le nommerons pas : beaucoup de membres encore vivants
de notre famille ont été en relations avec lui, et les générations
futures le reconnaîtront aux titres de ses scientifiques ouvrages :
*Dictionnaires grec-français et français-grec ; Éphémérides politi-
ques, littéraires et religieuses ; Pensées de Démosthène ; Traité des
Figures de Rhétorique ; Dictionnaire français de la Langue oratoire
et poétique ; Vocabulaire des Latinismes de la Langue française ;
Esprit de saint Jean-Chrisosthôme, de saint Grégoire de Naziance
et de saint Basile ; Cours de Littérature grecque,* sans compter un
grand nombre d'éditions classiques.

Le marquis de Miramon et sa femme n'eurent que trois filles :

1° L'aînée, MARIE-ANNE-JEANNE, dont nous reparlerons, épousa en 1785 le COMTE DE MIRAMON, son oncle paternel ;

2° La seconde, MARIE-CHARLOTTE, devint en 1789 la femme de haut et puissant seigneur le comte, depuis marquis du PLESSIS-CHATILLON, capitaine de cavalerie. Celui-ci fit toutes les campagnes de l'émigration et devint maréchal de camps. Ce fut lui qui recueillit seul, au nom de sa femme, l'héritage du marquis Gaspard, son beau-père, et qui reçut l'indemnité accordée aux émigrés sous la Restauration. Nous avons entendu dire qu'il toucha de ce chef dix-huit cent mille francs. Son fils, le marquis du Plessis-Châtillon, épousa Mlle d'Autichamps. De ce mariage naquirent trois filles, dont l'une épousa le marquis de Durfort, fils cadet du duc de Lorge; l'autre le comte de Costa de Beauregard, et la troisième le petit-fils de l'illustre amiral de Villaret-Joyeuse. Le marquis de Durfort eut un fils, qui, par son mariage avec Mlle de La Bouillerie devint beau-frère du comte de Miramon-Fargues, et trois filles : la baronne de Charrette, la comtesse de Chevigné et la comtesse d'Aigneaux ;

3° La troisième fille du marquis de Miramon, nommée VICTOIRE, et qui était, paraît-il, légèrement bossue, épousa au commencement de la Révolution le comte de LIGNIVILLE, colonel de Royal-Roussillon, qui appartenait à la maison de Lorraine. Le roi Louis XVI et la reine Marie-Antoinette signèrent au contrat, comme parents. Malgré cela le comte de Ligniville donna un peu dans la Révolution et continua de servir. En 1792 il était gouverneur de Montmédy. Nous avons sous les yeux une lettre, écrite en émigration, dans laquelle il est dit que les princes ne doutent pas des bons sentiments du marquis de Miramon et de tous ceux qui lui appartiennent, le *Lorrain* excepté. M. de Ligniville mourut avant sa femme en 1814, général de division, grand-croix de la Légion d'Honneur, baron de l'Empire et directeur général des haras. Il ne laissait pas d'enfants.

II. Le deuxième fils du marquis Alexandre-Emmanuel fut LOUIS-ALEXANDRE, COMTE DE MIRAMON, qui forme le degré suivant de la généalogie, son frère aîné n'ayant pas laissé de postérité masculine.

3° JEAN-CHARLES fut le troisième. Il était né en 1734 et entra dans les ordres à l'âge de vingt ans. Son parent Talleyrand, évêque d'Autun, l'appela auprès de lui et le fit nommer vicaire général du diocèse. Il fut pourvu d'un canonicat à Autun, de l'archidiaconat d'Avallon, du prieuré d'Auroux et au commencement de 1780 de la comté de Saint-Claude, que lui avait cédée l'abbé d'Agay, mais qu'il résigna peu après. Vers cette époque le cardinal, qui était chargé de la feuille des bénéfices, étant venu à mourir, ce fut Talleyrand qui

obtint sa succession. L'abbé de Miramon aurait dû être à la source de
toutes les faveurs, puisqu'il était grand vicaire du ministre ; mais il
s'était brouillé peu de temps avant avec son évêque, de telle sorte
que l'avènement de celui-ci lui fut nuisible. Jean-Charles demandait
à être pourvu d'une abbaye, de celle de Corbigny par exemple. Toute
la famille s'employa vainement auprès de l'évêque d'Autun pour
obtenir qu'il inscrivît le nom de son vicaire général dans une des
premières nominations. Le duc de Bourbon lui-même voulut bien
faire deux démarches, après lesquelles il écrivit à la marquise de
Miramon pour lui annoncer qu'il avait complètement échoué. Un
instant il fut question de l'abbé de Miramon pour l'évêché de Saint-
Flour ; quelques lettres d'Auvergne en témoignent. Mais Talleyrand
fit encore de l'opposition. Il écrivait alors à un parent commun cette
phrase où se peint son esprit sceptique et railleur : « Notre cousin de
Miramon a trop peu de moyens, *même* pour en faire un évêque. » La
vérité est que Jean-Charles avait une trop mauvaise santé pour qu'il
lui fût possible de remplir sérieusement les charges de l'épiscopat,
bien qu'à cette époque plus d'un prélat se dérobât sans difficultés aux
devoirs de sa mission. Comme le marquis et le comte, il était travaillé
depuis longtemps déjà par une goutte cruelle qui l'obligeait quelque-
fois à passer six mois sur sa chaise longue. La comtesse du Chayla,
sa sœur, était atteinte, elle aussi, de cette maladie de famille qui pro-
cura aux trois frères des infirmités précoces et les empêcha de réussir
aussi bien dans leurs carrières que leurs brillants débuts pouvaient le
leur faire espérer. Enfin en 1783 le roi donna à l'abbé de Miramon le
prieuré couventuel de Saint-Robert-de-Cornillon, aux portes de Gre-
noble, qui était d'un revenu assez considérable. Une note écrite de la
main de Jean-Charles nous apprend que ses diverses dignités et bénéfices lui rapportaient alors annuellement vingt-cinq à trente mille
livres.

Nous savons qu'en 1791, après l'apostasie de son évêque, l'abbé
de Miramon fut nommé vicaire apostolique du diocèse, qu'il admi-
nistra avec les pouvoirs épiscopaux jusqu'à ce qu'il fut obligé de
se retirer et de se réfugier à Paulhac auprès de son frère. C'est là
qu'il passa la Révolution, préservé sans doute par ses infirmités, des
persécutions dirigées contre les prêtres et les nobles. Il mourut en
1804.

XXII.

LOUIS-ALEXANDRE, très haut et très puissant seigneur, chevalier, COMTE DE MIRAMON, seigneur de Paulhac, Saint-Gérons,

Cocudon, Gizaguet, Riou-Martin, MARQUIS DE SAINT-ANJEAU, seigneur de Beaumont, Baleine, Ladaille, Isserpent, etc., en Bourbonnais.

Il naquit en 1735 et était le second fils du marquis Alexandre-
Emmanuel et d'Émilie-Esther de La Tour du Pin. Son parrain fut le
marquis de Crussol-Montsalès, sa marraine la marquise de Bournazel.

En 1755, comme il atteignait sa vingtième année, son père le fit
recevoir à Malte chevalier de justice de minorité dans la vénérable
langue d'Auvergne. Pour le côté paternel les preuves se firent sans
difficultés; mais du côté maternel, il fallut quelques petites dispenses;
car les La Tour du Pin et les La Roche Allard, quoique appartenant à
de grandes et illustres races, s'étaient un peu mésalliés deux générations auparavant, pour fumer leurs terres, comme on disait alors.
Mais on passa outre et Louis-Alexandre reçut son brevet de la main
du grand maître, Emmanuel Pinto.

Un des commissaires désignés pour le recevoir après enquête
était un chevalier de Méallet de Fargues, commandeur de la Vaux-
Franche. Celui-ci eut été bien étonné si on lui avait appris que le fils
de ce tout jeune homme, dont il était parrain dans l'ordre de Malte,
épouserait la dernière héritière de sa maison. Car alors la famille de
Méallet était représentée par une douzaine de garçons jeunes et
solides, tandis que celle de Cassagnes semblait près de s'éteindre.

Le procès-verbal d'enquête fut rédigé à Vitrac, dans une auberge
à l'enseigne de la Fontrouge. Les commissaires prêtèrent serment
entre les mains de Jean-André de Méallet, comte de Fargues, sei-
geur du lieu et chevalier honoraire de l'Ordre.

L'ancienneté de Louis-Alexandre dans l'ordre de Malte courait
depuis 1740; car dès l'âge de cinq ans il avait été admis comme chevalier non profès. A cette époque son père Alexandre-Emmanuel eut
une grosse affaire avec l'ordre de Malte à propos d'un jeune homme
qui avait été reçu dans la même promotion que son fils, quoiqu'il fût
hors d'état de faire ses preuves. Le marquis demandait que l'intrus
fût exclu. Une correspondance s'établit entre le marquis de Miramon,
le cardinal Fleury, alors ministre, le grand maître, la cour de Rome
et le tribunal de la Rote. Toutes ces lettres demandaient qu'Alexandre-
Emmanuel retirât sa protestation. Le Pape même et le roi lui firent
écrire dans ce sens. Mais le plaignant tint bon : car il était poussé et
soutenu dans ses réclamations par le grand Prieuré d'Auvergne dont
l'honneur était intéressé à la chose. Ce fut le Grand-Maître qui dut
céder : il rétracta son bref de dispense, en avouant dans une lettre au
marquis de Miramon que sa bonne foi avait été surprise.

En 1754, un an avant sa réception définitive dans l'ordre de
Malte, le jeune Louis-Alexandre avait pris du service dans l'armée.

En 1759 il avait le grade de capitaine. C'est alors qu'il fut choisi pour faire partie de la périlleuse, expédition du fameux capitaine de corsaires Thurot, qui devait, avec six vaisseaux et 1500 hommes d'élite, opérer une descente en Angleterre. Réduite de moitié par la tempête, cette héroïque poignée d'hommes n'en débarqua pas moins dans la baie de Carrick-Fergus et mit le siège devant la ville, dont elle s'empara au bout de peu de jours. Mais contraints de se rembarquer, Thurot et ses compagnons furent de nouveau séparés par les vents contraires et attaqués isolément par les escadres anglaises. Le capitaine Thurot fut tué : sa frégate, sur laquelle se trouvait le chevalier de Miramon, dut se rendre, et les prisonniers furent emmenés en Irlande.

La captivité de Louis-Alexandre fut moins longue que celle de la plupart de ses compagnons, car son père eut l'idée de réclamer pour lui au gouvernement français un congé qui lui permît d'aller faire ses services à Malte. Dès lors le jeune chevalier appartenant à une armée qui n'était pas en guerre avec l'Angleterre fut relâché sous la foi du serment.

Il resta assez longtemps à Malte et ne reprit du service en France que deux ans plus tard. A cette époque il eut une affaire à Versailles avec un personnage fort puissant. La lettre à laquelle nous empruntons ce renseignement ne nous donne aucun détail; mais il paraît que cette aventure attira au chevalier de Miramon des inimitiés qui nuisirent à sa carrière. Ce n'est qu'à la fin de l'année 1773 que le roi lui donna le commandement d'un régiment d'infanterie dont il demeura colonel pendant deux ans. Il acheta alors une lieutenance aux Gardes Françaises, charge qui équivalait à son ancien commandement et avait en outre toutes sortes d'avantages. En 1780 le roi lui donnait la compagnie de grenadiers de ce corps d'élite et conférait ainsi au nouveau titulaire le rang de maréchal de camps. Alexandre-Emmanuel était déjà chevalier de l'ordre royal et militaire de Saint-Louis.

Comme nous l'avons vu plus haut, le marquis Gaspard de Miramon n'avait que des filles : et la maison de Cassagnes était menacée de s'éteindre, faute d'héritiers mâles. En 1775, Gaspard, qui était marié depuis vingt-cinq ans, sollicita et obtint de Sa Sainteté un bref relevant son frère, le chevalier, de ses vœux et lui permettant de contracter une union. Le Grand-Maître, en considération de sa famille et de ses services, accorda à celui-ci la faveur de continuer à porter la croix en qualité de chevalier honoraire de l'Ordre.

Louis-Alexandre épousa alors, en 1776, une orpheline de vingt ans, unique héritière de la branche aînée d'une des plus illustres maisons de France, Marguerite de CHABANNES, dont le père marquis de *Curton* et du Palais, comte d'Albanie et d'Apchon, premier baron d'Auvergne, était chef de nom et d'armes de sa maison, et dont la mère, Louise de GIRONDE, comtesse de BURON, était fille d'un amiral de France.

Les témoins du mariage furent, du côté du futur : deux de ses cousins, l'amiral comte d'Aubigny et le vicomte de Montagu de Beaune, lieutenant général et gouverneur d'Auvergne ; du côté de la future : le marquis de Chabannes, maréchal de camps, et le comte de Chabannes, brigadier des armées, premier écuyer de Mesdames.

Une des conditions du mariage fût que les descendants des deux époux écartèleraient leurs armes de celles de Chabannes.

Outre de grosses valeurs immobilières, Marguerite apporta à son mari le marquisat de *Saint-Anjeau* en Haute-Auvergne et de belles terres en Bourbonnais.

Les deux époux ne vécurent pas longtemps ensemble. Marguerite mourut au bout de deux ans, après avoir donné le jour à un fils, que l'on nomma Gaspard, si chétif et si faible, que chacun le croyait destiné à suivre de près sa mère au tombeau.

Le marquis de Miramon songea alors à remarier son frère et lui fit épouser, en 1775, l'aînée de ses filles, JEANNE. Le Pape accorda les dispenses nécessaires et le mariage fut célébré le vingt-trois mai en présence du comte de Peyre, gouverneur du Bourbonnais, et du comte de Bournazel, lieutenant général, témoins pour le fiancé ; du comte de Caumont, mestre de camps, et de Georges de Crussol d'Uzès, marquis d'Amboise, lieutenant général, témoins pour la fiancée.

Gaspard vendit à son frère le château et la terre de Paulhac, ainsi que d'autres seigneuries en Basse-Auvergne, dont une partie fut donnée en paiement de la dot de sa fille.

Trois ans plus tard, à l'âge de 53 ans, torturé par la goutte qui l'affligeait d'infirmités précoces, Louis-Alexandre se retira du service.

Il partagea alors son temps entre Paris et l'Auvergne jusqu'à la fin de 1791. A cette époque il se retira à Paulhac où il vécut jusqu'à sa mort. C'est là qu'il passa, avec son frère l'abbé, toute la période révolutionnaire. Ils durent au triste état de leur santé et aussi à la sympathie que leur nom inspirait dans le pays de ne pas être trop molestés. Seule la comtesse de Miramon fut un jour arrêtée par ordre du district de Brioude et détenue dans la prison de cette ville. On raconte qu'elle allait être transférée à Paris, lorsqu'au moment où le convoi se mettait en marche, survint l'ordre de la relâcher. Il paraît que le promoteur de cette généreuse mesure, ce sauveur inespéré, n'était autre que Carrier, le farouche proconsul de Nantes. Ce trait, qui n'était pas dans ses habitudes, mérite quelques mots d'explications. Carrier était né dans la baronnie d'Yolet, fils d'un tenancier du marquis de Miramon et neveu du chapelain de Pesteils. Dans sa jeunesse il étudia, dit-on, pour se faire prêtre. Le marquis s'intéressa à lui, et le futur inventeur des mariages républicains vint plusieurs fois à Miramon où la marquise et ses filles lui témoignèrent une bonté dont il garda de la reconnaissance. Ce qui confirme la vérité de cette tradition, c'est que dans la liste de proscriptions de Carrier, qui nous a été communiquée, aucun des membres de la maison de Cassagnes ne se trouve inscrit. Or, s'il n'avait eu pour cela des raisons secrètes, le proconsul haineux et avide n'aurait eu garde d'oublier un nom qui désignait le plus grand propriétaire du pays. C'est un honneur pour les châtelains de Miramon d'avoir peut-être inspiré le seul sentiment humain qui ait germé dans le cœur de ce monstre furieux.

Le comte Louis-Alexandre mourut à Paulhac vers 1801.

Il avait eu un grand nombre d'enfants de son second mariage; mais quatre seulement arrivèrent à l'âge d'homme : Louis, Charles, Emmanuel et Guillaume-Louis. On verra plus tard quel fut leur sort.

XXIII.

BRANCHE AINÉE

(Qui écartèle ses armes de celles des Chabannes.)

JEAN-LOUIS-GASPARD, fils du comte Louis-Alexandre et de Marguerite de Chabannes, naquit vers 1778.

Lors de la proclamation de l'Empire, il avait atteint l'âge d'homme, et de plus se trouvait possesseur d'une grosse fortune : car il était l'héritier des propriétés de la branche aînée des Chabannes, qui n'avaient pu lui être prises pendant la période révolutionnaire, parce qu'elles étaient biens de mineur, et que ni lui ni son père n'avaient émigré.

C'est sans doute par l'entremise de son oncle, le général de Ligniville, qu'il se fit connaître de l'empereur. Lorsque celui-ci voulut se former une cour, il revêtit Gaspard de la dignité de chambellan et le créa comte de l'Empire, avec érection de la terre de Saint-Anjeau en majorat. Puis en 1813 il lui confia la préfecture du département de l'Eure. Pendant ce temps les électeurs du canton de Brioude chargeaient M. de Miramon de les représenter au Conseil général de la Haute-Loire, et cette assemblée le choisissait pour son président. Gaspard s'était attiré l'amitié de l'empereur. Pendant les Cent-Jours il fut préfet de l'Indre-et-Loire : et c'est sous son toit que le grand capitaine, vaincu et fugitif, vint, avant de se rendre aux Anglais, dormir sa dernière nuit de liberté.

Le comte de Miramon mourut à la fleur de l'âge, peu de temps après la restauration des Bourbons. Il avait largement rempli les trop courtes années de sa vie, et les brillants commencements de sa carrière auraient été, à eux seuls, le digne couronnement d'une longue existence de services et de labeurs.

Gaspard avait épousé Mlle de VAUCHAUSSADE-CHAUMONT, issue d'une antique famille qui avait porté avec une égale distinction la robe et l'épée. La sœur de la comtesse de Miramon était mariée au marquis de Potherat, dont le fils a épousé Mlle de La Villarmois, et la fille, le marquis de Chevigné.

Les enfants de Gaspard ont été :

1º NAPOLÉON, qui a continué la descendance;

2º ATHÉNAÏS, mariée à Xavier ARAGONÈS, vᵗᵉ d'ORCET.

De cette union sont issus un fils et une fille : la fille a épousé M. Charles du Verne, dont le fils Joseph s'est allié dernièrement à Mˡˡᵉ de Bussy ; le fils est le vᵗᵉ Stanislas d'Orcet, officier de la Légion d'Honneur, décoré de plusieurs ordres, ancien colonel du 11ᵐᵉ dragons, qui commande aujourd'hui la brigade de cavalerie de Valence : officier général plein d'avenir chez qui le cœur est à la hauteur du mérite.

XXIV.

LOUIS-ALEXANDRE-NAPOLÉON, marquis de Miramon, comte de l'Empire, né en 1812, filleul de l'empereur et de Marie-Louise. « C'était, dit le *Dictionnaire historique du Cantal,* un homme de grand talent, de grandes espérances et d'un esprit charmant, qui avait figuré avec distinction, pendant de longues années, au Conseil général du département. » Il représentait en effet le canton de Riom-ès-Montagnes, où se trouvait la belle terre de Saint-Anjeau. En 1848 il fut porté aux élections législatives sur la liste royaliste. M. le comte de Chambord l'honorait d'une bienveillance particulière; et on ne lira pas sans intérêt les lignes suivantes d'un ouvrage de M. Nettement, où il est question de lui à propos du voyage que le prince exilé fit à Naples en 1840.

« Le lendemain on fit une promenade sur mer par une de ces belles journées napolitaines où la nature semble partout sourire à l'homme, dans le ciel, sur la terre et sur les eaux. L'esquif, dont les voiles étaient à demi-enflées par une faible brise, voguait lentement vers Ischia et Procida, tandis que M. de Miramon chantait quelques couplets où respiraient l'amour de la patrie absente et la religion de l'exil, chant triste et doux dont on redisait en chœur le refrain touchant. Puis, la conversation étant tombée sur les coups de vent qui surviennent parfois inopinément dans ces parages, quelqu'un vint à dire : « Si nous étions jetés sur les côtes d'Afrique, que ferions-nous? » A ces mots Henri de France releva brusquement la tête : « Ce que nous ferions, reprit-il? Nous prendrions chacun un fusil, nous marcherions contre les Arabes et, après les avoir bien frottés, nous reviendrions nous embarquer après avoir demandé à nos compatriotes s'ils sont contents de nous. »

Napoléon de Miramon était adoré de sa famille et de ses amis. Il venait faire de fréquentes visites à Fargues, dont il aimait beaucoup les habitants, et où on lui rendait largement son affection. C'est là qu'en 1856 il périt inopinément, noyé dans une partie de pêche, emportant avec lui des regrets qui, malgré l'éloignement, sont encore vivants dans le cœur de tous.

De son union avec Mlle Louise Boscary de Villeplaine, sœur de la comtesse de Vergennes, il laissait quatre enfants :

1° René, dont l'article suit ;

2° Georges-Alexandre-Henry, mort en 1850 ;

3° Béatrix, filleule du comte et de la comtesse de Chambord, mariée au baron Pichon, fils de l'archéologue bien connu, président de la Société des Bibliophiles. De cette union sont nés deux fils et deux filles, dont l'une a épousé le vicomte de Fontenay ;

4° Alfred-Georges-Henry, capitaine-commandant de cavalerie, chevalier de la Légion d'Honneur. Jeune, brillant, entouré de la sympathie de tous, il poursuivait une carrière pleine de glorieuses et légitimes espérances, lorsqu'une chute de cheval sur le terrain de manœuvre l'enleva subitement dans toute la force de ses 35 ans. Sa mort vint faire une nouvelle et profonde blessure au cœur de sa famille, déjà si cruellement éprouvée par la perte récente de son neveu Léon, qui, lui aussi, s'avançait dans la vie, fort de l'affection de tous, de sa jeunesse et de sa noble ambition et qu'un accident de cheval à l'école de cavalerie de Saumur conduisit prématurément au tombeau.

Le comte Henry de Miramon avait épousé Mlle Marie de Fitz-James, fille du duc, et sœur de la vicomtesse de Turenne.

Il a laissé un fils, Béranger, et une fille, Isaure.

XXV.

PIERRE-GASPARD-NAPOLÉON-RENÉ, marquis de Miramon, comte de l'Empire, chef de nom et d'armes de la maison de Cassagnes-Beaufort, est né en 1835.

Il a épousé en 1860 Mlle Thérèze Feuillant, fille de Xavier Feuillant, gentilhomme ordinaire du roi Charles X, et sœur de la marquise de Contades-Gizeux.

De ce mariage sont nés :

1° Pierre-Léon, sous-lieutenant de cavalerie, mort tout jeune des suites d'un accident de cheval ;

2° Geneviève, mariée au vicomte Maxime Brenier de Montmorand, fils d'un ancien ministre de France en Chine, petit-fils du général vicomte de Montmorand, baron d'Alméida.

3° François, né en 1867 ;

4° Gaspard.

XXIII.

BRANCHE CADETTE

dite aujourd'hui de Miramon - Fargues.

GUILLAUME-LOUIS, né en 1798, était le dernier des huit enfants du comte Louis-Alexandre et de la comtesse née Miramon; mais il fut le seul qui parvint à l'âge d'homme.

Après la mort du comte Louis-Alexandre, sa veuve vécut encore quelque temps à Paulhac, tandis que ses trois fils aînés, *Louis, Charles* et *Emmanuel,* étaient à Montdidier, élèves de l'institution Rollin.

Les deux derniers étaient jumeaux et avaient été reçus en même temps en 1791, peu après leur naissance, dans l'ordre de Saint-Jean-de-Jérusalem.

Quant à Louis qui était un excellent cœur, mais paresseux au-delà de toutes limites, et qui n'avait jamais pu apprendre même à mettre l'orthographe, sa mère prit le parti de l'engager en 1805, dès l'âge de seize ans, dans les gendarmes d'ordonnance de l'empereur, sous les ordres de son cousin, le comte d'Astorg. Il devint brigadier dans ce corps d'élite, et, les gendarmes licenciés, il passa, en qualité de sous-lieutenant, dans les chasseurs du roi Jérôme. Il fit les campagnes de 1806, 1807 et 1808 à l'armée du maréchal Kellermann, et partit en octobre de cette dernière année pour l'Espagne.

Pendant ce temps, sa mère s'était installée à Paris, rue de Fourcy, pour l'éducation des deux jumeaux qu'elle avait mis au collège Stanislas. Mais en juillet 1808 les deux jeunes gens, alors âgés de dix-sept ans, durent rejoindre, en qualité de fourriers, un régiment de ligne qui se formait à Bayonne pour pénétrer en Espagne. Pendant toute une année la pauvre mère resta sans nouvelles de ses trois fils. Ce ne fut qu'après des recherches pleines d'angoisses, après avoir essuyé dans les ministères des rebuffades et des quolibets, qu'elle put obtenir la triste certitude de la mort de ses enfants, tombés tous trois dans le courant du même mois : Louis devant

Madrid, Emmanuel à Pampelune et Charles, huit jours après, entre Saint-Sébastien et Vittoria.

La comtesse de Miramon reporta alors toute son affection sur *Guillaume-Louis,* le seul fils qui lui restât, qui était comme ses deux aînés chevalier de Malte de minorité ; elle le fit entrer au lycée de Nancy, le confiant aux soins de son beau-frère, le général de division, comte de Ligniville, qui fut plein de bonté pour le jeune homme. Quant à elle, elle s'était retirée au petit château de Gizaguet, non loin de Brioude, où elle vivait dans une situation précaire. Dénuée de ressources, faible et sans appui, elle n'osa pas accepter la succession de son père, ne se sentant pas capable de soutenir les procès nécessaires pour la revendication des anciennes possessions de sa famille. Elle devint cependant propriétaire de la terre de Bassignac par arrangement avec son beau-fils Gaspard.

Lorsque survint la Restauration, elle obtint que son fils, qui n'avait encore que seize ans, entrât aux gardes du corps, dans la compagnie du duc de Luxembourg, dont elle était parente. Peu de temps après le jeune Louis eut un duel avec un de ses camarades auquel il porta quatre coups d'épée sans gravité. Le duc de Luxembourg exigea la démission des deux combattants ; mais, comme il s'intéressait à Louis de Miramon, il le fit bientôt entrer, comme lieutenant, avec grade de capitaine, dans les volontaires royaux que l'on formait alors sous les ordres de M. de Vioménil, pour s'opposer à l'entrée de Napoléon.

Malheureusement celui-ci arriva plus vite et plus facilement qu'on n'avait cru ; les volontaires furent dissous, et Guillaume-Louis partit pour rejoindre le duc d'Angoulême dans le Midi. Mais étant tombé malade, il fut recueilli par sa tante de Saint-Paul du Cayla dans la Lozère. Après les Cent-Jours, brûlant d'envie de se distinguer, il fit arborer le drapeau blanc dans le pays ; puis, à la tête d'une vingtaine de gardes nationaux, il arrêta le maréchal Soult qui s'était réfugié avec deux cents hommes au Malzieu, canton de Saugues, et l'emmena triomphalement prisonnier à Mende. Il croyait par cette action avoir bien mérité de la reconnaissance du roi ; mais il se trouva qu'il s'était trompé ; car le maréchal Soult, devenu ministre, lui garda rancune et arrêta son avancement.

Au retour du roi, il entra comme sous-lieutenant dans la garde et fit, comme lieutenant dans ce même corps, officier d'ordonnance du général de Bourmont, la campagne d'Espagne de 1823. Il y conquit le grade de capitaine et les croix de Saint-Ferdinand et de Charles III. Mais ce pays faillit lui être fatal, comme à ses trois aînés, car, blessé au bras, il fut sur le point de périr dans une épidémie et dut être renvoyé en France avant la fin des hostilités.

En 1826, étant en garnison à Lyon, il épousa une très riche

orpheline, Olympe de MÉALLET, fille du comté de FARGUES, ancien maire de Lyon, député du Rhône. Olympe de Fargues avait une sœur mariée au marquis de Virieu-Pupetières, fils de l'héroïque défenseur de Lyon sous la Terreur. (La marquise de Virieu eut deux fils, mariés, l'un à Mlle de Vallin, l'autre à Mlle de Quinsonas. L'aîné n'a laissé qu'un fils unique qui a épousé de nos jours la fille du duc de Noailles. Les deux filles du second sont mariées : l'une au comte de Robien, l'autre au comte Xavier de Gontaut-Biron.)

Mlles de Méallet étaient nièces du baron de Sathonay, ancien gouverneur et maire de la ville de Lyon.

Une condition du mariage fut que M. de Miramon donnerait sa démission. Il déposa donc son épée qu'il aurait du reste brisée quatre ans plus tard.

Il bénéficia bientôt à Lyon de la situation laissée par le comte de Fargues et fut nommé conseiller municipal et administrateur des hôpitaux. La révolution de 1830 lui fit, comme à tous les légitimistes de cette époque, abandonner toute pensée politique. Son esprit actif le poussa alors du côté de l'industrie ; et on le vit avec son beau-frère, le marquis de Virieu, à la tête de plusieurs compagnies pour la construction des ponts suspendus et la navigation des bateaux à vapeur sur le Rhône.

Il restaura avec élégance le château d'*Arnas*, près de Villefranche, qui lui venait de sa femme, et que les Allemands avaient en partie brûlé, et se créa dans ce pays une haute situation. Mais ses regards et toutes les affections de sa femme étaient constamment tournés du côté de l'Auvergne.

Ne pouvant à cette époque racheter Pesteils, le principal château de sa famille, il vint à *Fargues* dès 1844, après la mort du Commandeur de Saint-Genyès, qui en était usufruitier. Il y attira sa mère, qui y mourut en 1846. Pendant vingt ans il partagea son temps entre Arnas, l'Auvergne et Paris, où l'attiraient l'éducation de ses enfants et ses relations de famille. Le marquis et la marquise de Miramon s'appliquèrent à restaurer Fargues et à le tirer de l'état de délabrement où la Révolution l'avait mis : grâce à la création d'un grand parc et à des embellissements de toutes sortes, ils en ont fait la spacieuse et agréable demeure qu'habite aujourd'hui leur fils cadet.

La grande fortune du marquis de Miramon, qu'avait augmentée l'héritage de Mlle de Saint-Paul, du marquis de Sansac et du marquis de Roquelaure, décédé sans enfant de sa femme, née princesse de Bavière-Grossberg, son esprit charmant, la bonté de son caractère, ses manières à la fois distinguées et simples lui attirèrent toutes les affections et toutes les sympathies; et ses goûts d'hospitalité, qu'il partageait avec sa femme, rendirent Fargues un séjour aimé de tous où se réunissaient en foule sa famille et ses amis.

Il fut maire de Vitrac depuis 1850 jusqu'à sa mort. Élu en 1862 Conseiller général, en opposition au gouvernement, il vit invalider son élection.

Il mourut à Paris en 1867; et la marquise sa femme lui survécut jusqu'en 1874.

Il laissait deux fils et deux filles.

L'aînée des filles, Sydonie, épousa Aurèle-Arthur, comte de LA VILLARMOIS, en Bretagne. De ce mariage sont issus neuf enfants. Le fils-aîné a épousé la fille du marquis de Gouvello. Une fille est mariée au comte du Bourblanc, une autre au comte de Moidrey.

La seconde fille du marquis de Miramon épousa le comte de MORÉ-PONTGIBAUD, fils du pair de France, chef de bataillon et officier de grand avenir, qui a été tué à l'âge de trente-deux ans à la bataille de Solférino. Hippolyte Bellanger, dans un beau tableau, a représenté l'épisode célèbre de la bataille où le commandant de Pontgibaud fut blessé mortellement en défendant le drapeau de son régiment. Sa veuve habite aujourd'hui le château de Chabreughes, près Brioude, qu'elle a fait magnifiquement restauré, de concert avec son fils Armand, marié à la fille du comte Dauger, en Normandie.

XXIV.

1º ANATOLE, MARQUIS DE MIRAMON-FARGUES, fils-aîné du marquis de Miramon et de Mlle de Fargues, est né en 1829.

À la mort du marquis Louis, une question se posa à propos du titre que devait prendre son fils. Louis de Miramon, à son mariage, en 1826, avait pris le titre de marquis, parce qu'alors il se trouvait le plus âgé de la famille et que son frère aîné, Gaspard, décédé depuis plusieurs années, n'avait jamais porté que son titre de comte de l'Empire. Mais, lorsqu'il mourut, comme son neveu René avait repris de son côté le principal titre de la famille, il allait y avoir deux marquis de Miramon du même âge. Pour faire cesser cette confusion, un arrangement intervint. Il était indiscutable que René était bien le chef de nom et d'armes ; et Mlle de Miramon, quoique fille aînée du marquis, n'avait pu, en épousant son oncle, apporter ce titre aux enfants du second lit : car il devait naturellement passer aux fils issus du premier mariage, à cause du père, frère cadet du marquis, décédé sans héritier mâle. D'autre part, Anatole désirait à juste raison conserver un titre que son père avait porté toute sa vie. Or, avant la Révolution, époque à laquelle il faut toujours se reporter, il y avait eu plusieurs marquisats dans la famille de Cassagnes : l'aîné de la maison s'intitulait marquis de Miramon plus de 150 ans avant que le roi n'érigeât le marquisat de Cassanhes-Miramon ; de plus, les titres de marquis du Cayla et de marquis de Pesteils avaient été plusieurs fois portés conjointement et bien distinctement par le père et le fils. A René revenait donc le titre principal, celui de Cassanhes-Miramon ; son cousin n'avait qu'à choisir parmi les autres. Celui-ci prit donc aussi le titre de marquis, en ajoutant au nom de Miramon, pour se distinguer, celui de Fargues, dont sa mère avait été, avec la marquise de Virieu, la dernière représentante. Il eut mieux valu, croyons-nous, prendre le titre de Miramon-Pesteils, qui avait été porté au siècle dernier.

Le marquis Anatole de Miramon-Fargues a épousé Mlle de MATHUSSIÈRE-MERCŒUR, dont la mère, mariée en secondes noces au baron de Vinols, est née de ROMANET de LESTRANGES. La baronne de Vinols a une sœur, la comtesse de Murard, dont les deux filles sont : la comtesse de Monteynard et la comtesse de Chabannes.

Du mariage du marquis de Miramon-Fargues avec Mlle de Mercœur est née une fille, ÉDITH, qui a épousé le comte Albert de SINÉTY, et un fils, le comte GABRIEL, non encore marié. En outre, un charmant enfant de douze ans, LOUIS, auquel ses aimables qualités avaient concilié tous les cœurs et qui serait devenu chef de la branche cadette, a été enlevé par une fièvre typhoïde à l'affection de ses parents et de tous les siens.

Le marquis de Miramon-Fargues habite la Haute-Loire et a racheté le château de Pesteils. Ancien représentant de Monseigneur le comte de Chambord dans son département, conseiller général depuis de longues années, il a été élu une fois député au Corps législatif. Dernièrement les électeurs de la ville du Puy ont acclamé son nom le premier sur la liste municipale ; et nous souhaitons avec confiance que des temps meilleurs lui permettent d'employer ses lumières et son zèle au service de ses concitoyens dans les emplois que sa popularité bien méritée nous donne le droit d'espérer pour lui.

2° EMMANUEL, COMTE DE MIRAMON-FARGUES, né en 1838, second fils du marquis de Miramon et de la marquise née de Méallet de Fargues.

Ancien commandant des francs-tireurs du Cantal, pendant la guerre de 1870, maire de Vitrac pendant de longues années, révoqué par le gouvernement républicain et renommé par les électeurs, le comte de Miramon-Fargues a représenté le canton de Saint-Mamet au Conseil général du Cantal.

Il a épousé en 1865 Mlle Marie de LA BOUILLERIE, fille du comte de ce nom et de la comtesse née de LESTAPIS. La comtesse de Miramon est petite-fille du comte de La Bouillerie, intendant général de la liste civile sous la Restauration, ministre de la maison du roi, ministre d'État et pair de France ; nièce de Mgr de La Bouillerie, archevêque de Perga, mainteneur des jeux floraux, à la fois écrivain plein de poésie et de finesse et théologien profond, qui s'était conquis une grande place dans l'épiscopat français ; cousine, enfin, du baron Joseph de la Bouillerie, ancien ministre de l'Agriculture sous le gouvernement de l'Ordre Moral, président des Cercles catholiques, etc.

Les trois sœurs de la comtesse de Miramon ont épousé : le comte de Laroque-Ordan, le marquis de Durfort-Lorge et le comte de La Selle. Les deux filles aînées de la comtesse de Laroque-Ordan sont mariées au comte et au vicomte d'Alton.

Du mariage du comte Emmanuel et de Mlle de La Bouillerie sont nés :

1º BERNARD, vicomte de MIRAMON-FARGUES.

2º JOSEPH, qui a servi dans les dragons, sous les ordres de son oncle le colonel vicomte d'Orcet, actuellement à l'école de cavalerie de Saumur.

3º JACQUES.

4º GERMAINE.

Nous fermons ici ce livre, ou plutôt nous le laissons entr'ouvert, car la maison de Cassagnes, qui a été bien près de s'éteindre à la fin du siècle dernier, est représentée aujourd'hui par sept jeunes garçons, et nous comptons bien que les générations nouvelles ajouteront encore de nombreuses pages à cette histoire de notre famille.

NOTES

SUR LES PRINCIPALES TERRES DE LA MAISON DE CASSAGNES.

MIRAMON.

Marquisat de MIRAMON. — **Marquisat de CASSANHES-MIRAMON.**

Voici ce qu'on lit dans les documents historiques sur le Rouergue par de Barrau :

« Miramon, l'une des douze anciennes baronnies du Rouergue, dont dépendaient la baronnie de Ceintrès et les châtellenies de Tajac et du Bosc.

« Une tradition, fort répandue du côté de Ceintrès et de Taurines, rapporte qu'une ville existait anciennement près des bords du *Viaur*, sur la petite montagne appelée *Roc de Miramon*. Un château fort s'élevait aussi sur ce roc. Mais ville et château ont depuis longtemps disparu. Cette position est très remarquable : la colline, couronnée de rochers, se présente en pain de sucre du côté du nord ; au sud elle se prolonge entre les deux rivières du *Viaur* et du *Giffou*, encaissées dans de profonds ravins, et s'abaisse par une pente douce vers leur confluent. En delà est *Saint-Just*. *Castelpers* se trouve du côté du levant, dans la gorge du Giffou. Sur le sommet du monticule on aperçoit encore les restes d'anciennes murailles qui indiquent la place où fut le château. Ce château, admirablement fortifié par la nature, devait avoir, à cette époque, une grande importance, car il touchait aux frontières de la province et pouvait, en cas de guerre, opposer une vigoureuse résistance.

« Quant à la ville, qu'on dit avoir existé dans ces parages, on assure dans le pays qu'une tradition constante indiquait son emplacement au-dessus du rocher, du côté de Saint-Just, et tout près du village actuel de la *Calméfie*. Cette ville s'appelait Sorrasis ; en effet dans le cadastre de 1520, il est fait mention de certaines pièces confrontant avec l'ancienne ville de *Sorrasis*. On ajoute qu'elle fut détruite du temps des Anglais. Les habitants de la Calméfie ont trouvé dans leurs champs beaucoup de briques ainsi que les traces d'une route assez large, bien pavée, se dirigeant vers le sommet de la montagne, où était le château.

« En avril 1836 un paysan du lieu découvrit, en labourant, deux urnes antiques et les fondements d'une muraille tellement solide qu'il n'en put détacher aucune pierre. Ces faits portent à croire que l'origine de Miramon remonte à l'époque romaine et que ces conquérants y avaient établi un de leurs postes pour la garde du pays ».

Il est question de Miramon dans une vieille légende où l'on raconte la triste aventure de trois chevaliers français qui, étant tombés par trahison aux mains de celui qui tenait la ville (Anglais ou Routier), furent condamnés à perdre la vie; mais à peine venaient-ils d'expirer sur le gibet, que leurs compagnons arrivèrent en grand nombre, et, saisis d'indignation à la vue du spectacle qui s'offrait à leurs yeux, ils pénétrèrent dans la ville et la mirent à feu et à sang. La lueur de l'incendie, dit la chanson, se voyait de cent lieues, et les chevaux nageaient dans des flots de sang.

C'est à ce roc découronné, d'où les ruines mêmes du vieux château avaient disparu, que les Cassagnes-Beaufort empruntèrent, vers 1600, le nom de leur premier marquisat. Il est vrai qu'un souvenir de famille les rattachait à ces lieux, dont ils prétendaient avoir été seigneurs jadis, lorsqu'une ville importante y florissait à l'abri de l'antique forteresse. Nous avons avancé, on s'en souvient, sur la foi des traditions que Rigald de Cassagnes, frère de Hugon, avait possédé cette baronnie. Celui de ses fils qui fut le moins richement possessionné eut en partage Le Cayla, un autre eut Rignac; quant à Miramon, ce fut vraisemblablement l'aîné qui le garda. Car, outre l'importance que donnaient à cette place sa forte position, ses solides murailles et les nombreuses terres qui lui appartenaient, les seigneurs avaient encore le précieux privilège d'y battre monnaie. Quoique cette seigneurie ait à travers les âges plusieurs fois changé de maître, elle ne fut jamais démembrée, et les baronnies de *Ceintrès* et de *Tajac*, ainsi que la châtellenie de *Taurines*, qui en dépendaient, suivirent constamment son sort; si bien que, lorsqu'elle rentra dans la maison de Cassagnes, elle avait, à peu de choses près, la même importance territoriale qu'au moment où elle en était sortie. Seule, la terre du *Bosc*, avait été aliénée par les derniers possesseurs, les Malleville. Mais si les Cassagnes-Beaufort purent reprendre possession des territoires qui avaient appartenu jadis à leurs ancêtres, ils ne retrouvèrent pas la puissance que donnaient à ceux-ci la seigneurie de l'ancienne ville et l'abri de sa forteresse.

Nous avons donc dit que les aînés de notre race s'implantèrent à Miramon, dont ils prirent le nom, suivant l'usage de cette époque.

Cette puissante lignée féodale se perpétua jusqu'au XIVe siècle, attestant à chaque génération son existence par des munificences nou-velles en faveur des religieux du pays. Vers le milieu du XIVe siècle, nous perdons entièrement sa trace, et dans la suite il n'est fait mention d'elle dans aucun acte. Ses biens lui furent-ils confisqués, comme semblent l'indiquer les traditions ? Ou bien ses derniers représentants périrent-ils et furent-ils spoliés dès les débuts de cette terrible guerre de Cent-Ans qui commençait alors ? Toujours est-il que Miramon était à cette époque aux mains des Anglais : Après l'expulsion de ceux-ci, le château et la ville tombèrent au pouvoir des Routiers qui, à la faveur de cette place de sûreté, exercèrent impunément leurs brigandages et désolèrent le pays. C'est pendant la domination de ceux-ci qu'il faut placer sans doute les événements dont parle la légende populaire. Miramon pris d'assaut et livré aux flammes ne se releva jamais de ses ruines, et la baronnie passa dans le domaine royal. En 1413 Guillaume de Solages s'étant emparé de différents châteaux d'Auvergne au nom du roi Charles VI, du duc de Berry, son frère, et de Bernard comte d'Armagnac, ces princes, pour le récompenser, lui firent don de Miramon, Ceintrès, Tajac et le Bosc. Ces places ne restèrent pas longtemps dans la maison de Solages. Nous avons vu que Béraud de Cassagnes acheta, en tout ou en partie, la baronnie de Ceintrès. Le reste fut vendu aux Malleville et passa par héritage en 1513 dans la famille de Faramond : le baron de Jaqueviel, du nom de Faramond, qui acquit beaucoup de gloire dans les guerres de cette époque, s'intitulait aussi baron de Miramon. Pierre, vivant à la fin du XVIe siècle, est le dernier de sa maison qui ait pris ce titre. Aux Faramond succédèrent les Cassagnes. Mais par quelle voie ? Là est le mystère que nous n'avons pu pénétrer. Nous avons dit en temps et lieu qu'Antoine, baron du Cayla, était appelé une fois le seigneur de Miramon. D'autre part, en 1668, c'est-à-dire longtemps après, le comte de Caylus s'intitulait marquis du même lieu. Il est certain qu'il y a eu plusieurs seigneuries de ce nom ; mais nous ne croyons pas qu'une autre que celle qui nous occupe ait été susceptible de devenir le siège d'un marquisat. Toutefois nous remarquons qu'à la même époque ce même comte de Caylus se faisait appeler également *marquis de Pesteils*, sous prétexte que sa grand'mère avait porté ce nom, quoique le château et la seigneurie appartinssent à la maison de Cassagnes. Nous sommes donc en droit de penser que son marquisat de Miramon avait une origine semblable, et qu'il se parait de ce titre par tradition de famille, en souvenir de ce que les Levy-Caylus, éteints dans les Pesteils, auraient acquis autrefois cette seigneurie de la maison de Faramond. Ceci expliquerait comment la totalité de la terre de Miramon avec ses dépendances se trouva être possédée par la famille de Cassagnes précisément à l'époque où l'un

de ses membres, Charles, troisième baron du Cayla, épousa l'héritière des Pesteils. Antoine, père de celui-ci, avait déjà acheté une
portion de laseigneurie : et peut-être cette vente fut-elle le point de
départ des relations qui s'établirent entre les deux familles et abouti-
rent au mariage de Charles et de Camille.

Mais comment cette ancienne baronnie devint-elle un marquisat
dès qu'elle fut aux mains de nos ancêtres ? Prirent-ils arbitrairement
un titre que l'on ne prodiguait pas encore à cette époque ; ou bien le
reçurent-ils d'une ordonnance royale en récompense de leurs services ? De Barrau, dans sa nomenclature des terres titrées du Rouergue, dit que ce marquisat fut érigé vers 1600, en faveur de la maison
de Cassagnes-Beaufort. Jean-Gaspard de Miramon, dans ses notes,
confirme cette assertion et ajoute que les terres érigées étaient
Miramon, Ceintrès, Taurines, Tajac et même *Rinhac, Cassagnes* et
Le Cayla, bien que ces dernières ne fussent pas dans le même
canton. Tels sont les renseignements que nous avons pu recueillir
sur un marquisat dont le chef-lieu n'était qu'un rocher aride et
désert, mais fertile en souvenirs.

MARQUISAT DE CASSANHES-MIRAMON

Venus dans l'élection d'Aurillac par leur alliance avec la maison
de Pesteils, les Cassagnes-Beaufort abandonnèrent peu à peu leur
patrie d'origine pour devenir Auvergnats. Leurs traditions de famille
s'affaiblirent à mesure qu'ils s'éloignaient de leur berceau ; et un
moment vint où le marquis Claude-François de Miramon, ayant besoin
d'argent pour payer la dot de sa sœur, la marquise de Chavagnac,
pour agrandir sa terre de Pesteils et surtout, paraît-il, pour faire face
aux dépenses que nécessita la répartition de la capitation sur la
noblesse, commission extrêmement flatteuse, dont le roi voulut bien
le charger, aima mieux vendre quelques terres en Rouergue, possédées par sa famille depuis un temps immémorial, que de se défaire
de ses propriétés dans le canton de Saint-Flour. Son fils suivit son
exemple. Il lui fallut, en effet, solder la dot de la comtesse de Clermont-Touchebœuf et de la marquise de Saint-Paul du Chayla. Il avait
accepté, en outre, d'être l'héritier de M. de *Neyrebrousse-Brezons* et
du marquis de *Vareilles d'Humières,* dont les propriétés confinaient
les siennes : héritages onéreux, à cause des dettes énormes qu'il
fallut payer, mais grâce auxquels la terre de Pesteils devenait une
des plus belles de toute la province. Il fut donc obligé, comme son
père, de se procurer de grosses sommes d'argent et, pour cela, vendit
tout ce qui lui restait en Rouergue.

Mais, ayant réfléchi peu après que la possession de ces terres depuis environ l'an mil constituait pour sa famille un des plus beaux titres de noblesse qu'on pût avoir, que, de plus, la qualité de marquis, prise par ses ancêtres depuis quatre générations, était attachée à la seigneurie et au roc de Miramon, il se repentit de ce qu'il venait de faire et chercha un moyen de réparer sa faute.

Ce moyen, il crut l'avoir trouvé en sollicitant du roi la réunion et l'érection en marquisat de plusieurs terres contiguës qu'il possédait entre Aurillac et Saint-Flour, dans le canton actuel de Vic, ancienne vicomté de Carladez. Il demanda, en outre, que le nouveau marquisat fût décoré des plus beaux droits pouvant donner à son seigneur, non pas seulement un titre honoré, mais une véritable autorité. Les terres dont Alexandre-Emmanuel demandait la réunion étaient au nombre de sept. : la seigneurie de *Pesteils*, siège d'un marquisat réservé à l'aîné de la famille du vivant de son père, et qui comprenait les terres de Pesteils et de Polminhac, la châtellenie de Marfonds et la baronnie de Fouilholles ; la châtellenie de *La Salle;* la baronnie de *La Roque ;* celle de *Giou-de-Mamou ;* celle d'*Yolet ;* enfin, les trois seigneuries de *Bassignac, Montamat* et *Loubejac.* Ces sept terres jouissaient de droits nombreux et importants et avaient chacune la basse, la moyenne et la haute justice.

Au mois de mai 1768, le roi accorda par lettres patentes à Alexandre-Emmanuel la grâce qu'il sollicitait et motiva cette faveur par les considérants les plus flatteurs pour la famille de l'impétrant et pour l'impétrant lui-même. Il est bon de remarquer que dans cet écrit, où il érigeait un marquisat en faveur du chef de la maison de Cassagnes, le roi donne à celui-ci le titre de *marquis de Miramon,* indiquant par là d'une façon positive qu'il lui reconnaissait déjà cette qualité qui avait toujours été attribuée à ses ancêtres dans les actes publics et dans les brevets de la Cour.

Voici la copie de l'acte d'érection :

« Louis...... Notre très cher et bien-aimé Alexandre-Emmanuel de Cassagnes de Beaufort, marquis de Miramon, nous a fait représenter qu'il est seigneur et propriétaire de sept terres et seigneuries qui sont situées dans la Haute-Auvergne : savoir, la terre de Pesteils, la châtel-lenie de La Salle, les baronnies de La Roque, de Giou et d'Yolet, les terres de Bassignac, Montamat et de Loubejac; que presque toutes ces terres, qui sont contiguës et enclavées même les unes dans les autres, sont ornées de châteaux, décorées des plus beaux droits et relèvent du comté de Carladez; si l'on en excepte quelques portions qui leur ont été réunies, qu'elles ont toutes droit de basse, moyenne et haute justice et que ces différentes justices ressortissent au bailliage et siège d'appeaux de Carladez, établis à Vic, à l'exception de quelques parties de celles de Pesteils, Yolet et Giou qui ressortissent au bailliage d'Aurillac ; que l'ex-posant désirerait que ces terres, qui sont d'un revenu considérable, fussent réunies et les posséder désormais sous le titre de marquisat de Cassanhes-Miramon, s'il nous plaisait lui accorder les lettres nécessaires et ordonner qu'à l'avenir les justices desdites terres seraient et demeureraient unies pour ne former qu'une seule et même justice, qui serait exercée au bourg de Polminhac, qui est le chef-lieu de la terre de Pesteils, le centre de toutes ces terres et l'endroit le plus commode pour les justiciables, et, *voulant donner à l'exposant les témoignages de notre affection qu'il mérite par les qualités personnelles dignes de sa naissance, par les vertus qui ont illustré sa maison et l'ont rendue aussi recommandable qu'elle est distinguée par son ancienneté, par les grands exemples qu'elle a donnés dans tous les temps, par ses illustres alliances, avec les maisons de Bourbon, Lorraine et autres, et notamment par celle que l'exposant a contractée en épousant Émilie-Esther de Latour du Pin de Gouvernet.*

« A ces causes...... Nous joignons, unissons et incorporons lesdites terres, baronnies et seigneuries et ensemble les *paroisses, hameaux* ou *villages* qui en dépendent, pour le tout ne faire et composer désormais qu'une même terre et seigneurie ; avons aussi uni et incorporé, unissons et incorporons les justices desdites terres et seigneuries pour ne composer à l'avenir qu'une *seule et même justice* qui sera exercée au lieu de Polminhac *par les officiers qui seront à cet effet établis par l'exposant :* lesquelles terres et seigneuries nous créons, érigeons, élevons et décorons avec tous les *fiefs, droits et revenus qui les composent, circonstances et dépendances,* en titres, nom, prééminences et dignité de marquisat sous la dénomination de MARQUISAT DE CASSANHES-MIRAMON, pour en jouir par ledit *Alexandre-Emmanuel de Cassagnes de Beaufort,* **marquis de Miramon,** et ses hoirs voulons qu'ils puissent se dire et qualifier tels en tous actes, tant en jugements que dehors et qu'en cette qualité, ils jouissent des honneurs, armes, blasons, prérogatives, droits, rang, autorité, prééminence, et faits de guerre, Assemblées d'État et de noblesse et autres privilèges et avantages dont doivent jouir les autres marquis de notre royaume ; et que tous les vassaux, arrière-vassaux, justiciables et autres tenants noblement ou en roture des biens mouvants ou dépendants dudit marquisat, les reconnaissent pour tels, qu'ils fassent *foi et hommage,* fournissent leurs *aveux, dénombrements et déclarations* sous le nom, titre et qualité de marquisat de Cassanhes-Miramon, et que les *officiers exerçant la justice dudit marquisat* et tous les *notaires, tabellions et autres personnes publiques intitulent à l'avenir leurs sentences, jugements et autres actes dudit nom, titre et qualité......* A charge de relever du comté de Carladez à une seule foi et hommage...... Sans qu'à défaut d'hoirs mâles, nés ou à naître en légitime mariage, nous puissions, ou les rois nos successeurs, prétendre à la réunion dudit marquisat à notre domaine, nonobstant tous édits, déclarations, ordonnances sur ce intervenus ou à intervenir, auxquels nous dérogeons par ces présentes pour ce regard seulement et sans tirer à conséquence : voulons qu'audit cas lesdites terres, châtellenies et baronnies reprennent le premier état et nature qu'elles avaient avant l'érection. Si donnons en mandement, etc.

« Donné à Versailles au mois de mai, l'an de grâce 1768, et de notre règne le 53e. Signé : Louis. Et plus bas : Par le roi, Phélipeaux ; à côté il y a : Visa Louis. »

L'enregistrement de ces lettres patentes souffrit beaucoup de difficultés, à cause de l'opposition faite par les officiers du baillage de Carladez, auxquels cette nouvelle justice portait ombrage et qui surtout ne voulaient pas que les notaires et tabellions mentionnassent en tête de leurs actes le marquisat de Miramon et les noms et titres de son seigneur. Mais, après une enquête minutieuse, on passa outre, et les choses furent ainsi que le roi l'avait ordonné.

Le nouveau marquisat eut son siège de justice au bourg de Polminhac et son siège seigneurial au château de Pesteils, qui changea son nom contre celui de Miramon. Le seigneur marquis fut autorisé à nommer un *juge*, un *lieutenant*, un *procureur fiscal*, trois *procureurs postulants*, un *sergent* et un *greffier civil et criminel*. Il dut construire à Polminhac un auditoire et des prisons, et il fut ordonné qu'avant de pouvoir exercer, les juges seraient reçus au baillage de Carladez.

Les sept seigneuries composant le marquisat, et dont le marquis avait la propriété directe, ainsi que les domaines seigneuriaux qui en dépendaient, étaient fort considérables : car, d'après l'enquête ordonnée par le Parlement, elles rapportaient au bas mot soixante mille livres de rente en fermages, ce qui était une fort jolie somme pour l'époque. Sur les hauteurs désertes qui bordent la vallée de Vic, à gauche de la Cère, du point où elles prennent naissance, près d'Aurillac, jusqu'au Plomb-du-Cantal, la maison de Cassagnes possédait d'immenses espaces, couverts de pâturages, qui touchaient dans leur largeur aux montagnes de l'Aveyron et où plus de mille vaches laitières promenaient pendant la belle saison les sons aigus de leurs clochettes. En outre, à diverses générations, les marquis de Miramon ou leurs prédécesseurs avaient cédé plusieurs grandes terres moyennant des redevances perpétuelles, aliénant en quelque sorte le fonds, mais se réservant tous les droits féodaux ; enfin, sur toute l'étendue du marquisat, un nombre imposant de petites closeries, prés, bois, jardins, maisons, moulins, payaient chaque année un revenu au seigneur, qui les avait loués à des particuliers. Le livre de comptes de Jean-Gaspard indique que ces divers revenus atteignaient à la somme de quatre-vingt-dix mille livres.

Mais, quelque grand que fût ce chiffre, il était encore augmenté d'un tiers environ, ainsi qu'en font foi les registres de l'époque, par le rapport des droits nombreux qui appartenaient au seigneur du marquisat : droit de dîme, droit de cens, droit de corvée et de manœuvres, droit de taille dans sept cas, droit de lods (équivalent dans le marquisat à un sixième du prix de vente), droit de prélation (équivalent à un cinquième), droit de déshérence et de retenue féodale, droit de mutation (qui était d'un sixième et se percevait sur chacun des contractants), droit de bâtardise, de confiscation, d'amende, droit de banalité et de colombier, droit d'épave, droit de chasse et de pêche, droit de quart sur les défrichements des communaux, droit de titre intérieur et extérieur dans les églises, droit à une chapelle spéciale dans la plupart des paroisses du marquisat, ce que l'on appelait le droit de cuisse, qui consistait dans la perception de cinq sous par chaque mariage, droit à l'occasion des couches de la seigneuresse (chaque propriétaire devait une poule, quelques-uns un coq), droits seigneuriaux de toutes sortes, dont plusieurs étaient moins productifs qu'honorifiques ; enfin, le plus beau et le plus noble de tous, le droit de haute, basse et moyennne justice.

Le chef de la maison de Cassagnes avait l'exercice de ces droits, particulièrement du dernier, dans les nombreuses paroisses comprises dans la mouvance du marquisat. On en comptait seize principales, dont plusieurs avaient deux lieues de long sur autant de large et les plus petites au moins une lieue.

1º **Polminhac** (deux lieues de long, une de large). — Chef-lieu de la terre où se trouvait le château seigneurial. Il y avait bien quelques petits fiefs à divers seigneurs et des rentes aux prêtres de Polminhac ; mais toute la justice appartenait au marquis.

2º La ville et paroisse de **Vic en Carladez** (deux lieues de long, une de large). — Le prince de Monaco jouissait d'une partie de la ville et avait des rentes dans quelques villages, ainsi que M. de Comblat et les prêtres du lieu ; mais la plus grande partie de la paroisse était au marquis de Miramon. En outre, celui-ci était protecteur dans la ville d'un couvent de bénédictines, fondé par sa grand'mère, la marquise de Noailles, et dont il nommait la Supérieure.

3º **Thiézac** (trois lieues de long, deux de large). — Le marquis de Miramon n'avait de sa mouvance que le tiers de cette paroisse ; le reste était au prince de Monaco et à d'autres.

4º **Saint-Clément.** — Cette paroisse était à peu près tout entière de la mouvance du marquisat.

5º **Jou-sous-Monjou**, dont la moitié était de la mouvance.

6º **Raulhac**, avec ses annexes : **Badalhac** et **Palherols** (trois lieues de long, deux de large). — La moitié au moins était de la mouvance ; le reste relevait du prince de Monaco, du commandeur de Carlat, de M. de Valady, etc.

7º **Cros-de-Montamat** (une lieue de long, demi-lieue de large). — Tout entière de la mouvance.

8º **Ronnesque.** — Petite paroisse, dont une partie seulement était de la mouvance.

9º **Saint-Étienne-de-Capels** (trois quarts de lieue de long, autant de large). — La moitié relevait du marquisat.

10º **Carlat** (une lieue de long et de large). — La moitié était au marquis ; le reste au prince de Monaco et au commandeur de Carlat.

11° **Vézac** (une lieue de long et de large). — Les trois quarts étaient de la mouvance du marquisat.

12° **Yolet** (une lieue de long et de large). — Cette paroisse était à peu près tout entière de la mouvance.

13° **Giou-de-Mamou** (une lieue et demie de long, une de large).— Les trois quarts étaient au marquis.

14° **Teissières-les-Bouliès**. — Fort grande paroisse dont les deux tiers étaient de la mouvance.

15° **Arpajon** (deux lieues de long et de large), dont un quart seulement relevait du marquisat.

16° **Aurillac**. — Il y avait quelques censives sur des moulins et des maisons de la ville et des faubourgs, en outre, plusieurs villages de la banlieue étaient de la mouvance du marquisat.

On peut ajouter à la fin de cette liste les noms des paroisses de LA BROUSSE, LA CAPELLE-EN-VÉZIE, LA CAPELLE-BARRÈS, LADINHAC, SAINT-SIGISMOND, ROUSSILHE, CAYLUS, BOISSET, ANTRAYGUES, dans lesquelles MM. de Miramon avaient plusieurs censives et directes du fait de leur marquisat.

Cette longue et fastidieuse nomenclature a pour but de démontrer combien était considérable par son territoire et son influence ce marquisat de Cassanhes-Miramon qui devait, dans l'esprit de Charles-Emmanuel, compenser l'aliénation des vieilles terres de famille. Le roi rehaussa du reste son importance par les termes flatteurs dans lesquels était conçue la lettre d'érection et par son empressement à consentir à la demande du marquis de Miramon, malgré la vive opposition des baillages de Vic et d'Aurillac, témoignant ainsi d'une façon sensible de sa gratitude et de son estime pour la maison de Cassagnes-Beaufort.

PESTEILS.

Le siège du marquisat de Cassanhes-Miramon était, comme nous venons de le voir, dans la paroisse de Polminhac, au château de Pesteils, qui devait désormais s'appeler MIRAMON et ne fut d'ailleurs plus désigné autrement jusqu'à la Révolution. Ce n'était pas la première fois que le vieux castel changeait de nom; il n'avait pris celui de Pesteils que vers 1510, lorsqu'il était entré dans la maison de Pesteils. Avant cette époque, les anciens titres ne parlent jamais que de la forteresse de Polminhac : et c'est ainsi qu'est désigné le château dans le testament par lequel Henry Iᵉʳ, comte de Rodez, avant de partir pour la Terre-Sainte, légua la seigneurie de Polminhac à son puîné Guibert. C'est de celui-ci que descendait, suivant les traditions, la noble et puissante famille de *Montamat* qui posséda cette seigneurie jusqu'en 1500.

En 1510, l'héritière de Montamat porta la seigneurie de Polminhac dans la maison de *Pesteils* par son mariage avec Guy, seigneur de Fontanges, fils de Rigaud de Pesteils et de Gabrielle de Lévy-Mirepoix.

Cette maison, qui avait joué un rôle considérable en Avignon dès le XIIIᵉ siècle, était néanmoins en partie auvergnate et possédait de grands biens dans la province, notamment les seigneuries de Salers, de Fontanges et de Branzac par suite de ses alliances avec les familles d'Apchon, de Fontanges et d'Acier.

Ce fut Guy qui donna à la forteresse de Polminhac le nom de Pesteils.

Son fils, dit le baron de Salers, épousa Camille, fille de Jean Caraccioli, prince de Melphes, duc d'Alcoli, maréchal de France, gouverneur du Piémont, général pour le roi en Italie.

De ce mariage naquit Jean-Claude, chevalier de l'ordre du roi et gentilhomme de sa chambre, dont la femme fut Jeanne, *comtesse de Caylus*, dame d'honneur de la reine et sœur du beau Caylus, favori de Henri III, qui périt en duel sans avoir contracté d'alliance. Le père de Jeanne était Antoine de Lévy, et sa mère Balthazarde Desprès-Montpézat, fille du maréchal de France et d'une princesse d'Armagnac.

Jean-Claude n'eut qu'un fils qui mourut sans postérité et quatre filles.

L'aînée, qui représentait l'hérédité des Pesteils, épousa Charles de Cassagnes-Beaufort, baron du Cayla, et apporta à son mari les principales terres de famille du côté paternel, notamment celle sur laquelle reposait le nom.

La seconde représentait le côté maternel dont la descendance mâle était également éteinte. Elle apporta le comté de Caylus à un cousin de Charles de Cassagnes, Tubières-Grimoard, baron de Verfeil, dont le petit-fils fut créé duc et grand d'Espagne.

La troisième fille entra dans la maison d'Yzarn de Valady-Frayssinet, puis dans celle de Clermont-Touchebœuf.

La quatrième fut abbesse d'un monastère.

C'est ainsi que s'éteignit la branche aînée de l'illustre et puissante maison de Pesteils et que celle de Cassagnes fut chargée d'en continuer les traditions.

Une autre branche s'était formée en 1450, issue du mariage de

Guy IV avec Blanche d'Acier. Elle a subsisté jusqu'au commencement de ce siècle, mais avec bien moins d'éclat.

Le nom de Pesteils a été relevé par plusieurs membres de la maison de Cassagnes. A des générations différentes nous trouvons Marthe de Cassagnes, *demoiselle de Pesteils*, et Françoise, *sœur de Pesteils*, Supérieure d'un couvent. Lefèvre d'Ormesson, dans son dénombrement de la noblesse d'Auvergne, appelle *marquis de Pesteils* un fils du marquis de Miramon ; c'est sous ce titre également que se maria Jean-Gaspard, époux d'Anne de Bardonnin-Sansac. Louis XIV, écrivant à Claude-Joseph pour le prier d'être son commissaire en Haute-Auvergne, le désigne par le titre de *marquis de Miremont-Pesteils*. Enfin François, mestre de camps de cavalerie, officier de grand avenir, qui fut tué à l'âge de 29 ans, est appelé *marquis de Pesteils* dans ses brevets militaires et dans le testament du prince de Lorraine.

Le titre de Pesteils était tout autre que celui de Miramon, puisque ces deux titres ont toujours été portés en même temps par deux personnes différentes.

Par les restes nombreux de fondations, les traces des fossés d'enceinte, aujourd'hui en partie comblés, et des pont-levis, les ruines des tours et des ouvrages avancés qui défendaient l'accès du château primitif, on peut juger encore de son importance et de sa force. Mais on ne peut guère se rendre compte du plan sur lequel il était construit, car il fut entièrement incendié pendant les guerres contre les Anglais.

Rigaud de Montamat le rebâtit en 1400 et son fils Jean y mit la dernière main après la pacification du pays. Ce fut lui sans doute qui éleva au-dessus du ravin le donjon carré aux proportions gigantesques qui est, dans toute la contrée, le monument de ce genre le plus majestueux et le mieux conservé. Quelques-uns pensent que cette tour est un reste du château primitif, d'autres qu'elle ne fut construite qu'en 1500 par Guy de Pesteils. Mais nous croyons pouvoir affirmer qu'elle est l'œuvre des Montamat et qu'elle a été simplement restaurée et rehaussée d'un étage par les Pesteils.

Le roi Charles XII, dit la tradition, passant par l'Auvergne, coucha dans le château de Polminhac nouvellement restauré.

Pendant les guerres de religion la forteresse tomba au pouvoir des huguenots avant la prise d'Aurillac. L'armée catholique vint les y assiéger et ce ne fut qu'au bout de plusieurs jours qu'ils en furent expulsés. Le château, qui était vraisemblablement alors dans le style et sur le modèle du donjon, fut de nouveau saccagé. On le reconstruisit ou on le répara en lui donnant la forme qu'il a encore. Mais les travaux n'ont jamais été terminés et des pierres d'attente témoignent que l'on devait ajouter une aile à droite, du côté de la grande tour.

Malgré cela le château offre encore un aspect imposant, et voici la description enthousiaste et lyrique qu'en font les auteurs du *Dictionnaire statistique du Cantal :*

« Pesteils commande le bourg. Le château, l'un des plus beaux souvenirs de l'époque féodale, s'élève fièrement sur une roche escarpée qui domine la vallée et au pied de laquelle se précipite un torrent. Sa haute tour au port superbe, au front ceint de créneaux et dont l'attitude est encore relevée par l'escarpement des abîmes qui l'entourent et qui fait rêver de combats et de chevalerie comme un burg du Rhin ; la vaste plateforme qui servait de cour au château et du haut de laquelle l'œil plane sur les riants paysages de la vallée de la Cère, en remontant les méandres de la rivière jusque dans les profondeurs des montagnes ; le roc à tête d'aigle, monstre de pierre, assis près de la tour et qui surveille avec elle la vallée ; le glen sauvage qui s'ouvre sous les murs du château à l'ombre des forêts ; le torrent qui bondit de cascade en cascade au fond de ce glen ; les romantiques allées qui mènent aux cascades ; les grandes salles aux fortes travées, aux murs ornés de fresques ; tous les traits enfin du tableau que présente Pesteils sont d'une beauté mâle et solennelle. Ce noble manoir figure le moyen-âge dans sa plus énergique expression ; il semble attendre sur son roc quelque existence en harmonie avec sa majestueuse poésie, capable de lui donner une nouvelle splendeur et de faire régner autour de lui les magnificences artistiques avec le renom de la grandeur généreuse et de l'opulence créatrice. »

Ces lignes ont été écrites alors que Pesteils était aux mains de la famille Réveilhac, de Polminhac, qui l'avait acheté nationalement en 1792, après les scènes de pillages que nous avons racontées déjà. Pendant toute la Révolution et les premières années de ce siècle, le château fut habité simultanément par un grand nombre de locataires qui le mirent, comme bien l'on pense, dans un grand état de délabrement. Depuis, un des Réveilhac a réparé une partie de l'intérieur de façon à le rendre habitable, mais sans beaucoup de goût. Pesteils a été racheté il y a peu d'années par le marquis de Miramon-Fargues qui n'y vient que très rarement. Nous espérons qu'un jour un membre de notre famille rendra au vieux manoir un peu de l'opulence et de la vie dont il fut témoin jadis.

Marfonds (sur la rive gauche de la Cère à l'est de Polminhac). — Le château était un fief qui fut donné en 923 au monastère de Conques par Bernard de Carlat. En 1567 il était au commandeur de Teissières, général des galères de Malte. Cette seigneurie fut achetée par Camille de Pesteils, marquise de Miramon, et resta dans la famille jusqu'à la Révolution. Les huguenots s'emparèrent de Marfonds en 1580.

Fouilholles. — Fief avec titre de baronnie, paroisse de *Vézac*, sur la crête de la montagne, au-dessus du Doux. Arriva dans la famille de Cassagnes par héritage des Montamat, fondus dans les Pesteils.

Vixouse. — Château assez curieux, dont la situation est des plus pittoresques à mi-hauteur du versant de la montagne qui domine la rive gauche de la Cère, en face Pesteils. Il appartient à la famille Dessauret d'Auliac qui en a hérité des Pagès. Le marquis Claude-Jacques-Joseph de Miramon, époux de Jeanne d'Aurelles, en était seigneur.

Yolet. — Siège d'une baronnie importante à laquelle les Malras empruntèrent leur titre de marquis. Le château était cité pour sa force dès 1280 et ce fut lui qui, au XVIe siècle, eut dans notre province un des premiers fauconneaux. Il fut considérablement fortifié en 1361, lors des guerres contre les Anglais. Pris par les huguenots en 1563, au lendemain de l'assaut d'Aurillac, il fut occupé par eux jusqu'en 1574 et devint une des places principales d'où ils exerçaient leurs ravages. St-Hérem, gouverneur d'Auvergne, vint l'assiéger. Au bout de huit jours deux brèches était ouvertes et l'assaut se donna. Après une résistance désespérée des assiégés, le repaire fut enlevé et la garnison passée au fil de l'épée.

Le marquis de Miramon acquit le château et la baronnie de la famille de Malras.

Bassignac. — Château qui était encore habité au milieu du siècle dernier. Cette seigneurie, située dans la paroisse de Badalhac, fut léguée par *Antoine d'Humières, marquis de Vareilles*, à Alexandre-Emmanuel, marquis de Miramon, nous ne savons pour quelle cause, car le testateur et son héritier n'étaient pas parents. Le château fut saccagé pendant la Révolution. Mise en vente au nom de la nation, cette terre fut rachetée par Gaspard de Miramon qui la céda en arrangement de famille à sa belle-mère la comtesse de Miramon, née de Miramon. Le comte de Miramon-Fargues a aliéné dernièrement cette propriété.

Loubejac. — Château très ancien et seigneurie, situés dans la même commune que Bassignac, non loin de la petite seigneurie de la Calsade appartenant également à la famille de Cassagnes. Les deux terres faisaient partie de l'héritage d'Humières.

Montamat. — Château fort dans la commune de Cros-de-Ronesque, qui subit deux sièges en 1409 et en 1581. C'est à cette seigneurie que la maison de Bénavent-Montamat, puînée de Rodez, fondue dans celle de Pesteils, avait emprunté son nom.

Giou-de-Mamou. — Ancienne seigneurie dans le canton d'Aurillac avec un château très fort, dont l'enceinte en 1676 avait encore cent quatre-vingts mètres de tour.

Giou, qui avait donné son nom à une illustre famille, fut érigé en baronnie en 1633.

Le marquis de Miramon l'acheta du comte de Montalembert.

Giou, comme toutes les terres qui précèdent, formait le marquisat de Cassanhes-Miramon.

BREZONS

Le marquis Alexandre-Emmanuel de Miramon, désirant réunir entre ses mains les principales terres de la maison de Brezons, dont sa grand'mère avait été la dernière représentante, acheta au duc de Lorraine, son parent, héritier d'une autre branche de cette même maison, les seigneuries de Brezons et de Montréal, ainsi que la baronnie de La Roque.

BREZONS est un gros bourg du canton de Pierrefort, arrondissement de St-Flour. Il y avait un château fort très important, dont il reste à peine des ruines. Cette belle seigneurie comprenait de vastes forêts mesurant un millier d'hectares et d'immenses paturages qui couvraient toutes les hauteurs jusqu'au plomb du Cantal.

Le château de MONTRÉAL, qui dominait la plaine, était encore en bon état de conservation lorsqu'il devint la propriété de la famille de Cassagnes.

Neyrebrousse et Cezens. — Cette puissante seigneurie fut léguée à la maison de Cassagnes par le baron de Neyrebrousse, du nom de Brezons. Le château était très fort. Il fut pris par les Anglais après un long siège ; puis en 1527, pendant les guerres de religion, il fut successivement perdu et reconquis par Bonnet de Brezons. Pendant la Révolution', Neyrebrousse, qui était meublé et bien entretenu, fut entièrement saccagé et démoli pierre par pierre.

La seigneurie du gros bourg et de la paroisse de *Cezens* en dépendait. Non loin de là se trouvaient les petites seigneuries de LA FAGE haute et basse, du CAYRE, de MAURÈZE, de LA SALLE, de LA SELLE et du CHAUMEIL qui venaient, soit de la maison de Brezons, soit du seigneur de Champ-Redonde.

PAULHAC, BALSAC, COMBADINES, St-HÉREM, COCUDON, RIOUMARTIN.

Je parle à cette place de ces diverses seigneuries, quoiqu'elles fussent situées en Basse-Auvergne, parce qu'elles provenaient également de l'héritage de la maison de Brezons.

Toutes les six étaient considérables et décorées de châteaux forts ; je ne m'arrêterai cependant qu'aux deux principales.

St-Hérem, dans le baillage de Montpensier, était précisément la terre dont l'illustre et puissante maison de Montmorin-St-Hérem avait tiré son nom. Elle était entrée dans la famille de Cassagnes parce que la grand'mère de la marquise de Miramon, née Brezons, était une Montmorin. En 1787 le marquis Gaspard de Miramon, ayant voulu vendre St-Hérem, offrit à son cousin le marquis de Montmorin-St-Hérem, alors ministre de Louis XVI, de lui donner la préférence. Celui-ci refusa, mais pria Gaspard d'introduire dans le contrat de vente une clause qui défendît à l'acquéreur de prendre le nom de la terre.

PAULHAC comptait parmi les plus vieilles seigneuries d'Auvergne et sa mouvance était des plus étendues. En 1697 Lefebvre d'Ormesson la citait en première ligne et parlait avec admiration du « *beau château de Pauliac* ».

On dirait que le fondateur de ce manoir l'a placé sur sa butte escarpée, au centre de la plaine, pour surveiller celle-ci et jeter aux quatre coins en même temps l'appel guerrier en cas d'alarme. Sa large terrasse aux arêtes vives surplombe à pic, comme celle de Pesteils, au-dessus du bourg qu'elle protège, tandis qu'un peu plus loin la ville de Brioude semble s'être couchée à ses pieds dans l'attitude de la soumission et à distance respectueuse.

Paulhac a passé, croyons-nous, dans la maison de Brezons par héritage des Balsac-d'Entraigues.

Le marquis de Miramon prenait le titre de *comte de Paulhac*.

Cette terre fut vendue en même temps que Rioumartin, Balsac, Combadine, Gizaguet et Saint-Gérons par le marquis Gaspard de Miramon à son frère, le comte Louis-Alexandre, et la dot de la seconde femme de celui-ci fut placée sur ces seigneuries.

Le comte Alexandre demeura quelque temps à Paulhac avec sa première femme, héritière et dernière représentante de la branche aînée de la maison de Chabannes-La Palisse.

On sait qu'il se remaria plus tard avec sa nièce. Au début de la Révolution il se retira à Paulhac où il vécut pendant cette époque néfaste entouré de sa femme, de ses nombreux enfants et de son frère l'abbé. Comme le nom de Miramon était très aimé dans le pays et que son frère et lui étaient couverts d'infirmités, ils ne furent pas trop inquiétés. Les biens du comte ne furent pas vendus : et c'est ainsi que Paulhac fut conservé.

Aujourd'hui ce château est le berceau et la résidence de la branche aînée de la maison de Cassagnes, qui écartèle ses armes de celles de Chabannes.

Le marquis René de Miramon l'a restauré avec beaucoup d'art et de goût ; et chaque jour le voyageur qui longe la colline, en suivant la voie ferrée d'Arvant à Brioude, remarque avec admiration le château dont les tourelles élancées, le donjon féodal, les fiers créneaux et la position seigneuriale semblent les témoins d'un autre âge placés là tout exprès pour faire contraste avec la civilisation moderne qui les entoure.

Saint-Gerons, dans la plaine de Brioude. — Cette seigneurie offre cette particularité qu'elle fut gagnée au jeu par le marquis de Miramon au marquis de Bouillé.

SAINT-ANGEAU, LADAILLE, BALEINE, BEAUMONT, ISSERPENT.

Toutes ces terres entrèrent dans la maison de Cassagnes par son alliance avec l'héritière de Chabannes-Curton. Les quatre dernières étaient situées en Bourbonnais.

SAINT-ANGEAU, la plus importante, était en Haute-Auvergne, dans la paroisse de Riom-les-Montagnes, dont la seigneurie lui appartenait.

Cette terre était échue aux Chabannes par le mariage de Gilbert avec Françoise de La Tour d'Auvergne.

Le château, reconstruit en 1619 et qui était très vaste, fut saccagé pendant la Révolution. Le marquis Napoléon de Miramon y fit faire d'importantes réparations et obtint en 1852 la constitution de la terre en ferme-école.

Saint-Angeau était un marquisat dont le comte Alexandre de Miramon prenait le titre avant la Révolution. Il fut constitué en majorat par Napoléon Ier en faveur de Gaspard de Miramon, chambellan et comte de l'Empire.

TERRES D'ALSACE

Terre et baronnie de Landzer. — Terre et baronnie du grand Huningue.

On a déjà vu comment ces terres furent données, après la conquête de l'Alsace, à Barthélemy d'Herwart, contrôleur général des finances, en récompense de ses services et pour le dédommager des avances qu'il avait faites au Gouvernement. On a vu également comment le marquis de Miramon, héritier des La Tour du Pin, finit par devenir à peu de chose près le seigneur unique de cet immense teritoire.

Voici la description de ces deux terres, telle que nous la trouvons dans le projet d'une affiche de vente fait avant la Revolution, au moment des partages de la succession La Tour du Pin :

« La réunion de ces deux terres comprend trente-six bourgs : *Hetsingen, Saint-Louis, Kapillen, haut Michelbach, bas Michelbach, haut Anspach, bas Anspach, Sathenhell, Franckirch, haut et bas Magstat, Geipfen, Schinbach, Ketsingen, Ranzveiller, Klasheim, Dietviller, Échetzveiller, Landzer, Zimmerheim, Rinheim, Balthenheim, Sansheim, Barthenkeim, Risnheim, Munick-Hausen, Rockenhausen, Denerheim, Fessenheim, Ramersen, Blodelsheim, Banzheim, Ottmarshelm,* etc., etc. : ce qui forme une étendue de vingt-cinq lieues de long sur environ sept de large. Elle s'étend depuis les faubourgs de Bâsle jusqu'à Neuf-Brissac, et comprend la ville de *Huningue.*

« Il existe dessus quatre collèges, plusieurs communautés d'hommes et de femmes et deux chapitres nobles de chanoinesses, qui tous paient des droits au seigneur baron de Landzer.

« Cette terre est patrimoniale, allodiale et ne doit par conséquent aucune espèce de droit de quint, arrière-quint, lods et ventes. Elle n'est pas sujette au retrait.

« Elle a haute, moyenne et basse justice et tous les droits honorifiques attachés aux plus grandes terres du royaume.

« Le seigneur nomme seul aux offices de judicature qui sont d'un revenu considérable. C'est lui également qui désigne à l'approbation de Mgr l'Évêque les titulaires de la plupart des chapellenies, cures et décannats.

« Les revenus de cette terre consistent en droits de taille, voitures de bois, veaux, agneaux, volailles, danses, rentes foncières, pontenages, pêche, réception de bourgeois, juifs, débit de sel, florins d'habitation, dîmes, froment, mélange, seigle, avoine, droit de marpfenning qui consiste à percevoir quatre pots de vin par mesure, etc., etc.

« La vaste forêt de *La Hart* est enclavée dans cette terre. Elle appartient au seigneur qui est en ce moment en procès avec le roi à ce sujet, parce que la grande maîtrise des eaux et forêts prétend en avoir la jouissance. »

La Révolution supprima tous ces revenus, bien qu'ils eussent pour origine une dette contractée par l'État envers un particulier et que la plupart de ces revenus fussent des redevances que l'on ne pouvait assimiler à des droits féodaux.

Quant à la forêt de La Hart, qui était une propriété foncière, l'État la confisqua purement et simplement, tranchant ainsi en sa faveur les difficultés qui s'étaient élevées entre le seigneur et la grande maîtrise de France au sujet de l'exploitation. Des procès ont été introduits depuis, qui n'ont jamais été soutenus à fond et n'ont abouti ni dans un sens ni dans l'autre. Mais on n'a jamais laissé la prescription se former : et de temps à autres des hommes d'affaires viennent encore proposer aux membres de la famille de reprendre la cause interrompue. Au siècle dernier, alors que l'on ne craignait pas les procès interminables, on aurait peut-être tenté la chose. L'affaire en vaudrait la peine : car cette forêt, qui appartient maintenant au Gouvernement prussien, est estimée, dit-on, *dix-huit millions.*

Dans ce siècle-ci , par suite d'alliances et d'héritages, le marquis de Miramon-Fargues est possesseur des anciennes seigneuries de *Mercœur*, *Bains* et *Rochegude*, dans l'arrondissement du Puy, et de *Sauxillanges*, près d'Issoire, qui lui viennent de sa femme, née Mathussière de Mercœur ; de la terre et du château d'*Arnas*, en Beaujolais, qui vient des Méallet de Fargues par les Balland d'Arnas ; de l'ancienne baronnie de *Lanta*, en Toulousain, qui donnait entrée aux États du Languedoc et qui lui vient par héritage de la maison de Roquelaure. Il a été vendu, en outre, plusieurs terres dont la provenance était la même.

LISTE DES BIENS DE LA MAISON DE CASSAGNES

VENDUS NATIONALEMENT EN HAUTE-AUVERGNE

avec les noms des acquéreurs et les prix des acquisitions.

————— ɪ⁕ɪ —————

Cette liste est fort incomplète ; elle ne comprend même pas le marquisat de Cassanhes-Miramon tout entier. On peut voir entr'autres que les deux grosses terres et baronnies de Giou et de La Roque n'y sont pas mentionnées. On remarquera, en outre, qu'à cette époque les prix d'adjudication étaient peu élevés et que toutes les terres mises en vente avaient subi une dépréciation notable par suite de la suppression des droits et des redevances qui y étaient attachés.

Nᵒˢ DES ADJUDICATIONS	DATES des adjudica-tions.	NOMS des ACQUÉREURS.	DOMICILES des ACQUÉREURS.	DÉSIGNATION des BIENS VENDUS.	SITUATION des BIENS VENDUS	MONTANT des adjudica-tions.
	AN II					
1	4 frimaire	Antoine Couderc	Vic	Maison, Jardin	Vic	100.900
2	id.	J.-Bᵗᵉ Duclaux	id.	5 Journaux 1/4 Pré	id.	11.200
3	id.	Id.	id.	Portion de Pré	id.	9.000
4	id.	Bl. Martres, cadet.	id.	id.	id.	8.600
5	id.	J.-Bᵗᵉ Duclaux	id.	id.	id.	7.000
6	id.	Id.	id.	id.	id.	7.000
7	id.	Id.	id.	id.	id.	7.000
8	id.	Id.	id.	id.	id.	7.000
9	id.	Id.	id.	Surplus dudit Pré.	id.	12.000
10	id.	Pierre Griffueil	Sᵗ-Clément	Deux-Buges	id.	1.900
11	id.	J.-Bᵗᵉ Duclaux	Vic	Terre de Lapara	id.	4.140
12	id.	Id.	id.	Terre Buge	id.	4.000
13	id.	Cheylus & Martres.	Polminhac	Terre de La Bastide	id.	4.000
14	id.	Ant. Couderc	Vic	Buge-Delrieux	id.	860
15	18 frimre.	Ant. Réveillac	Mandailles	Bois, Terre, Jardin & Maison	Polminhac	72.300
16	id.	Marie Vialard	Polminhac	Grange, Pré, Terre	id.	10.200
17	id.	P. Poulhès, cadet	id.	2 Arpᵗˢ du Pré gras	id.	3.850
18	id.	Poulhès aîné	id.	id.	id.	4.100
19	id.	Poulhès cadet	id.	id.	id.	3.500
20	id.	Id.	id.	1 Arpᵗ 1/2 dudit Pré	id.	2.100
21	id.	Ant. Baduel	id.	3 Arp. 1/2 dudit Pré	id.	8.000
					A reporter.	288.650

Nᵒˢ DES ADJUDICATIONS	DATES des adjudications.	NOMS des ACQUÉREURS.	DOMICILES des ACQUÉREURS.	DÉSIGNATION des BIENS VENDUS.	SITUATION des BIENS VENDUS	MONTANT des adjudications.
	AN II				*Report...*	288.650
22	18 frimʳᵉ.	Ant. Baduel	Polminhac	3 Arp. 1/2 dudit Pré	Polminhac	11.200
23	id.	Id.	id.	id.	id.	11.600
24	id.	Pierre Tourtoulou.	id.	3 Arpents d'un Pré	id.	11.600
25	id.	J.-B. Revel & Usse	Thiézac	id.	id.	6.425
26	id.	Bl. Durat-Lasalle	Sᵗ-Etienⁿᵉ-M.	Grange, Jardin, Pré	id.	7.100
27	id.	Joseph Fel	Polminhac	Portion de Terre	id.	27.000
28	id.	Jean Courbebaisse.	Yolet	id.	id.	3.525
29	id.	Jean-Cl. Garnier	Aurillac	Bois de la Tour	id.	6.475
30	id.	Jean Courbebaisse.	Yolet	Portion d'un Pré	id.	24.400
31	id.	Joseph Fel	Polminhac	1/2 Arpent de Pré	id.	3.000
32	id.	Revel & Usse	Thiézac	Terre de l'Arbre	id.	2.675
33	id.	Id.	id.	Terrᵉ de la Gravière	id.	2.400
34	id.	Jean Ramond	Polminhac	Pré de Roberteil	id.	2.500
35	id.	Ant. Baduel	id.	Bois de Roberteil.	id.	5.150
36	id.	Nic. Varet	id.	Maison, Grange, Jardin & Pré	id.	2.000
37	id.	Ant. Ramond	id.	Portion de Pré	id.	16.950
38	id.	Boissier, Poulhès & La Thélis	id.	id.	id.	6.175
39	id.	Gabriel Usse	Aurillac	Montᵍⁿᵉ desTourtes	id.	5.825
40	19 frimʳᵉ.	Pierre Gramond	Yolet	Maison, Grᵍᵉ, Terre	id.	36.000
41	id.	Pierre Poulhès	Polminhac	Portion de Pré	id.	75.100
42	id.	Revel aîné & Usse.	Vic&Thiézac	id.	id.	10.000
43	id.	Jean Delrieu	Polminhac	id.	id.	5.650
44	id.	Tourtoulou Chassaⁿ	id.	Pᵒⁿ de Terre & Pré	id.	7.000
45	id.	Guillaume Varet	id.	id.	id.	6.000
46	id.	Id.	id.	Portion de Pré	id.	6.050
47	id.	Revel & Usse	Vic&Polminᶜ	Grange, Pré & Bois	id.	4.000
48	id.	Géraud Varet	Carlat	Pré et Terre	id.	45.100
49	id.	Guillaume Varet	Polminhac	id.	id.	8.125
50	id.	Bertrand Viers	id.	Terre de Vixouse.	id.	5.000
51	id.	Revel aîné	Vic	Terre des Clauzels	id.	4.850
52	id.	Id.	id.	Terre d'Artigues	id.	2.025
53	id.	Id.	id.	Bois de La Coste	id.	400
54	id.	Poulhès cadet	Polminhac	Bois de Las Planes	id.	300
55	2 nivôse.	LavaissièreAymard & Delsérieys	Badailhac & Carlat	Maison, Jardin, Pré &. Terre	Badailhac.	2.750
56	id.	Id.	id.	Pré et Terre	id.	42.600
57	id.	Id.	id.	Pré	id.	410
58	id.	Id.	id.	Terre	id.	3.025
59	id.	François Boudier	Aurillac	Pré et Bois	id.	400
60	id.	LavaissièreAymard & Delsérieys	Badailhac & Carlat	Pré, Bois & Terre	id.	3.600
61	id.	Id.	id.	Portion de Pré	id.	6.050
62	id.	Id.	id.	id.	id.	1.375
63	id.	Id.	id.	Portion de Bois	id.	1.500
64	id.	Jean Costes	Carlat	Montᵉ de la Calsade	id.	1.475
65	id.	Pierre Chapsal	Aurillac	Maison, Grᵍᵉ, Jardⁿ	id.	12.100
						48.000
					A reporter.	751.935

Nᵒˢ DES ADJUDICATIONS	DATES des adjudica- tions.	NOMS des ACQUÉREURS.	DOMICILES des ACQUÉREURS.	DESIGNATION des BIENS VENDUS.	SITUATION des BIENS VENDUS	MONTANT des adjudica- tions.
	AN II				Report...	751.935
66	2 nivôse.	Pierre Chapsal	Aurillac	Chapelle & Terre	Badailhac.	1.500
67	id.	J.-Bᵗᵉ Bertrand	Vic	Montᵉ de Loubejac	id.	15.050
68	id.	Charles Aymard	Carlat	Terre de Veissière.	id.	350
69	id.	Guill.Domergues	Badailhac	Terre del Poux	id.	1.800
70	id.	Ant. Lafon	id.	Travers de la Coste	id.	225
71	id.	Pierre Chapsal	Aurillac	Portion de Terre	id.	1.450
72	id.	Id.	id.	id.	id.	1.910
73	8 nivôse.	Id.	id.	Travers & Pré	id.	3.030
74	id.	J.-Bᵗᵉ Revel, aîné	Vic	Tʳᵉ de la Voussière	id.	600
75	id.	Antoine Lafon	Badailhac	Pré & Terre	id.	2.480
76	id.	Pierre Chapsal	Aurillac	Terre	id.	360
77	id.	Id.	id.	Terre de Lasfargue	id.	560
78	id.	Pierre Bastide	Badailhac	Terre & Pré	id.	2.540
79	id.	Id.	id.	Maison & Pré	id.	1.520
80	id.	François Chastres.	Carlat	Pré & Terre	id.	4.040
81	id.	J.-Bᵗᵉ Revel, aîné	Vic	id.	id.	4.200
82	id.	Pierre Chapsal	Aurillac	Pᵒⁿ du Pré Grand	id.	4.010
83	id.	Id.	id.	Autre port. dud. Pré	id.	3.000
84	id.	Id.	id.	id.	id.	1.200
85	id.	Id.	id.	Pré & Terre	id.	1.010
86	23 nivôse	Claude Garnier	id.	Maison, Grgᵉ, Jardⁿ	id.	68.500
87	id.	Id.	id.	Maison, Jardin, Pré	id.	40.000
88	id.	François Boudier	id.	Bois dit Cayre	id.	1.200
89	id.	J.-Claude Garnier	id.	Six sélérées Bois	id.	2.400
90	id.	Ant. Bastide	Cros-de-Mᵃᵗ	Terre de Limagne	id.	390
91	id.	Claude Garnier	Aurillac	Pré & Bois	id.	1.700
92	id.	Id.	id.	Portion de Pré	id.	1.600
93	id.	François Boudier	id.	id.	id.	6.500
94	id.	Id.	id.	2 œuvres de Pré	id.	1.400
95	id.	Claude Garnier	id.	4 Journaux de Pré	id.	6.500
96	id.	Id.	id.	Autre portion, Pré.	id.	7.150
97	id.	Id.	id.	id.	id.	8.500
98	id.	Id.	id.	Pré dit Bragueiroux	id.	8.425
99	id.	François Boudier	id.	Pré	id.	2.150
100	id.	Jean Revel, cadet	Vic	Terre & Pré de La Fromental	id.	7.625
101	id.	Jean Gaillard	Thiézac	Pré, Terre & Bois	id.	6.410
102	id.	François Boudier	Aurillac	Terre	id.	1.500
103	id.	Jean Revel, cadet	Vic	Pré, Bois & Terre	id.	2.200
104	id.	Claude Garnier	Aurillac	Terre	id.	3.600
105	id.	Pierre Vensac	Badailhac	Terrᵒ de la Degresc	id.	725
106	id.	Claude Garnier	Aurillac	Portion Pré & Terre	id.	3.100
107	id.	Id.	id.	id.	id.	4.200
108	id.	Id.	id.	id.	id.	3.525
109	id.	Id.	id.	Pré, Terre & Rocher	id.	1.750
110	id.	Id.	id.	Terre & Buge	id.	700
111	id.	Joseph Servières	Badailhac	id.	id.	300
112	19 ventôsᵉ	Pierre Griffueil	Sᵗ-Clément	Montagne de Bois.	Pailherols.	5.475
					A reporter.	1.000.265

Nᵒˢ DES ADJUDICATIONS	DATES des adjudica- tions.	NOMS des ACQUÉREURS.	DOMICILES des ACQUÉREURS.	DÉSIGNATION des BIENS VENDUS.	SITUATION des BIENS VENDUS	MONTANT des adjudica- tions.
				Report...		1.000.265
113	19 ventôse	J.-B. Coffinhal	Aurillac	6 Arpents de Bois.	Pailherols.	1.700
114	id.	Rondouli & autres	Pailherols	id.	id.	1.500
115	id.	Bois & Montheil	id.	id.	id.	1.500
116	id.	Rondouli & de Goul	id.	id.	id.	1.500
117	id.	Trin & Soubrier	St-Clément & Raulhac	id.	id.	
118	id.	Guillaume de Goul	Palherols	24 Arpents de Bois		5.075
119	id.	J.-B. Coffinhal	Aurillac	Montagne del Cayre	id.	4.000
120	id.	Id.	id.	Partie de Montagne	id.	4.000
121	28 ventôse	François Boudier	id.	Surpl. de ladᵗᵉ mᵍⁿᵉ	id.	4.500
122	id.	Id.	id.	Maison, Grange	Carlat	25.400
123	id.	Id.	id.	Pré de La Planque	id.	1.400
124	id.	Id.	id.	Pré, Terre & Bois	id.	3.100
125	id.	Ant. Manhe fils	Carlat	Bois & Terre	id.	675
126	id.	François Boudier	Aurillac	8 sétérées de Bois	id.	900
127	id.	Id.	id.	Terre de Teyrou	id.	200
128	id.	Id.	id.	Bois de Teyrou	id.	200
129	id.	Id.	id.	Terre de Laigue	id.	875
130	id.	Id.	id.	Bois & Terre	id.	475
131	id.	Id.	id.	id.	id.	1.050
132	22 germal	Pierre Griffueil	St-Clément	18 sétérées de Bois	id.	750
133	id.	J.-Cl. Garnier	Aurillac	Maison & Jardin	St-Clément	1.575
134	id.	Id.	id.	Montagne Haute	id.	24.500
135	id.	Pierre Bouniquet	Arpajon	Montagne de Layes	id.	21.000
136	27 germal	Gerpier-Besse	Aurillac	Montagne Basse	id.	21.700
137	id.	Pierre Poux	Yolet	Maison, Grange	Yolet	85.000
138	id.	Antoine Poux	Naucelles	Grange, Pré	id.	8.100
139	id.	Id.	id.	2 œuvres de Pré	id.	8.300
140	id.	Jean Clermont	Yolet	id.	id.	4.125
141	id.	Id.	id.	id.	id.	4.100
142	id.	Pierre Courbebaisse	id.	id.	id.	3.350
143	id.	François Angelvy	id.	id.	id.	4.350
144	id.	Pierre Culan	id.	2 œuvres 1/2 de Pré	id.	2.100
145	id.	Jean Poux	id.	2 œuvres 3/4 de Pré	id.	2.450
146	id.	Jean Courbebaisse	id.	Autre portion Pré.	id.	2.625
147	id.	Jean Coussac	Vézac	2 œuvres 1/4 de Pré	id.	2.250
148	id.	Viers & Desprat	Yolet	Portion de Pré	id.	2.200
149	id.	É. de Sales du Doux	id.	id.	id.	2.200
150	id.	Id.	id.	id.	id.	9.400
151	id.	Id.	id.	id.	id.	9.000
152	id.	Id.	id.	12 œuvres 1/4 de Pré	id.	13.100
				9 Journ. dudit Pré.	id.	9.400
		(Il est survenu un arrangement avec M. de Sales.)				
153	id.	Desprat & Meyniel	id.	Passᵍᵉ des Champs	id.	3.950
154	id.	Pierre Poux	id.	Champ des Ronces	id.	4.250
155	id.	Étⁿᵉ Courbebaisse.	id.	Champ des Etangs	id.	2.400
156	id.	Pierre Lasmartres.	id.	2 petites Terres	id.	1.950
					A reporter.	1.312.440

Nᵒˢ DES ADJUDICATIONS	DATES des adjudications.	NOMS des ACQUÉREURS.	DOMICILES des ACQUÉREURS.	DÉSIGNATION des BIENS VENDUS.	SITUATION des BIENS VENDUS	MONTANT des adjudications.
	AN II				Report...	1.312.440
157	27 germᵃˡ	Hugues Croiset	Aurillac	Ch. de Las Lignes.	Yolet.	4.575
158	id.	Michel Delsol	id.	Champ de Lacoste	id.	3.050
159	id.	Jean Courbebaisse	Yolet	Pré et Champ	id.	2.650
160	id.	Hugues Croizet	Aurillac	Champ du Verdier.	id.	2.125
161	id.	Fr. Pouderoux	Saint-Simon.	Pré de Las Dombe	id.	2.100
162	id.	Jean Carrier	Yolet	Pré de Guillien	id.	1.500
163	id.	Hugues Croizet	Aurillac	Pré de La Jonquière	id.	8.700
164	id.	Germ.-P. Besse	id.	Portion de Maison.	id.	2.000
165	id.	Id.	id.	Portion de Jardin.	id.	850
166	id.	Id.	id.	Grange	id.	3.100
167	id.	Id.	id.	Paccᵍᵉ de La Motte	id.	1.225
168	id.	Nic. Clermont	Yolet	Bois & Terre	id.	700
169	4 prairial	Ant. Reyt	Sᵗ-Cirgues	Maison & gᵈ Jardin	id.	28.200
170	id.	Bern. Cros	Yolet	Grange & Pré	id.	4.400
171	id.	Ant. Reyt	Sᵗ-Cirgues	Pré & Terre	id.	1.500
172	id.	Pierre Poux	Yolet	Deux Champs	id.	1.750
173	id.	Jacq. Bonhomme	Polminhac	Pré & Terre	id.	6.250
174	id.	Noël Calhac	Yolet	Pré & Bruyère	id.	5.350
175	id.	Astor Bonhomme.	id.	id.	id.	3.250
176	id.	Ant. Lamoure	id.	Champ & Bruyère.	id.	425
	AN III					
177	11 nivôse	Ant. Loussert	Aurillac	Maison & Jardin	id.	10.900
178	id.	Pierre Delmas	Giou-de-M.	Tour & Château	id.	10.100
179	id.	Pierre Sogniac	Aurillac	Pré	id.	6.100
180	id.	Id.	id.	Portᵒⁿ du Pré susd.	id.	8.100
181	id.	Philippe Bonnal	Giou-de-M.	Pré de la Serve	id.	7.950
182	id.	Pierre Vialard	id.	Portᵒⁿ Pré & Bois.	id.	16.000
183	id.	Isaac Delort	Aurillac	id.	id.	31.000
184	id.	Pierre Calan	id.	Pᵗⁱᵒⁿ Pré & Champ.	id.	12.800
185	id.	Croiset & Cambefortᵗ	id.	Bois, Pré et Terre.	id.	14.800
186	id.	Guill. Lasmartres	Giou-de-M.	Pré & Terre	id.	12.700
187	id.	Ant. Terrisse	Yolet	id.	id.	13.300
188	id.	Salat & Boisson	Giou-de-M.	Portion de Pré	id.	8.000
189	id.	Guill. Lasmartres.	id.	Champ de Boudiou	id.	2.700
190	id.	Vican & Calvet	id.	Pré de Monsergut.	id.	18.600
191	id.	Pierre Petit	Aurillac	Pré & Terre	id.	15.000
192	id.	Id.	id.	Portion de Pré	id.	15.300
193	id.	Id.	id.	Autre portᵒⁿ de Pré	id.	15.100
194	id.	Id.	id.	Pré du Moulin	id.	4.600
195	id.	Pouget & Champen	Yolet	Pré de la Nègre	id.	18.800
196	id.	Pierre Petit	Aurillac	Pré & Grange	id.	39.100
197	id.	Pierre Vialard	Arpajon	Portion de Pré	id.	16.500
198	id.	Jean Fournier	Giou-de-M.	id.	id.	13.400
199	id.	Id.	id.	id.	id.	16.500
200	id.	Jean Armand	id.	Pàtural de La Toulle	id.	1.450
201	id.	Michel Delsol	Aurillac	Portion de Champ.	id.	9.200
					A reporter.	1.734.140

Nos DES ADJUDICATIONS	DATES des adjudications.	NOMS des ACQUÉREURS.	DOMICILES des ACQUÉREURS.	DÉSIGNATION des BIENS VENDUS.	SITUATION des BIENS VENDUS	MONTANT des adjudications.
	AN III				Report...	1.734.140
202	11 nivose	Pierre Lautrigues.	Yolet	Portion de champ	Yolet	7.300
203	id.	Pierre Vialard	Arpajon	id.	id.	4.650
204	id.	Pierre Pelet	Aurillac	id.	id.	5.600
205	id.	Pierre Petit	id.	id.	id.	9.750
206	id.	Jacques Seritis	id.	Grange & Étang	id.	8.150
207	id.	Ant. Pradal	Giou-de-M.	Terre de Las Costes	id.	425
208	id.	Id.	id.	Terre & Buge	id.	125
209	id.	Guill. Cantuel	id.	Ch. La Cassaignes.	id.	700
210	id.	Ant. Martres	id.	Champ de La Can.	id.	10.500
211	id.	Philippe Bonnal	id.	Ch. la Charbonnière	id.	650
212	id.	Jean Mousset	id.	champ de Pesselong & camp Petiou	id.	750
213	id.	Pierre Mondot	id.	Ch. Roque Vertel.	id.	4.450
214	id.	Jean Vialard	Arpajon	Champ Rouquerou	id.	700
215	id.	Jean Mousset	Giou-de-M.	Champ Pesselong.	id.	725
216	id.	Pierre Delmas	id.	Champ de La Camp	id.	5.600
217	id.	Id.	id.	Portion de Champ	id.	3.400
218	id.	Id.	id.	id.	id.	550
219	id.	Pierre Vialard	Arpajon	id.	id.	1.050
220	id.	Pierre de Luias	id.	id.	id.	1.050
221	id.	Pierre Vialard	id.	Autre ch. La Camp	id.	4.950
222	id.	Id.	id.	Champ La Cazelle	id.	3.000
223	id.	Ant. Vialard	Giou-de-M.	Champ de La Can	id.	400
224	id.	Guill. Cantuel	id.	Ch. de Peyre-Plate	id.	1.500
225	5 plairial	Ant. Martres	id.	Héritages détachés	Vézac	1.200
226	id.	Revel cadet	Badailhac	Terre Coste-Rousse	Carlat	1.025
227	id.	Jean Delmas	Polminhac	Fournial & Four	Polminhac	2.525
228	id.	Jean Mas	id.	Tre de La Roquette	id.	1.525
229	id.	Ant. Delarbre	id.	Pré de Lombertil	id.	9.125
230	id.	Jean Delort	Aurillac	Montagne de Plagne	id.	157.000
...	....	....	....	....	....	....
	AN II					
540	12 germal	Jean Mabit	La Garrigues	Montgne de Marfond	Mallbos	20.000
	AN III					
541	3 vendre.	François Basset	Volsac	Mgne de la Mouche	Brezons	15.600
542	id.	Pierre Basset	Saint-Flour.	Autre id.	id.	16.400
543	id.	Jean-Flour Dupré	Taleisac	id.	id.	16.210
544	4 vendre.	Pierre Costerousse	Lafoulie	Mgne de la Mousque	Cezens	8.050
545	id.	Jean Esparvier	Paulhac	Autre id.	id.	10.000
546	id.	Id.	id.	id.	id.	6.000
547	id.	Jean Barbet	Neyrebrousse	Château, Cour & Jin	id.	440
548	id.	Roussil de Vallucial	Valluège	Bois de La Verne	id.	40.000
		Soulier, contrôleur	Antraigues	Vignes du Fel	Fel-Antraie	....
					TOTAL...	2.141.985

FARGUES

Quoique ce château ne soit entré dans notre famille que depuis la Révolution, nous lui consacrons cependant une assez longue notice, parce qu'une branche de notre maison en a relevé le nom pour se distinguer de la branche aînée établie à Paulhac, près de Brioude, et parce que c'est grâce à ce manoir que les Cassagnes, dépouillés de tous leurs biens, ont pu demeurer dans l'arrondissement d'Aurillac, leur seconde patrie.

La forte et glorieuse race, qui vécut à Fargues pendant six siècles, est éteinte aujourd'hui. Mais son souvenir doit vivre, grâce à nous qui la représentons : et c'est avec fierté que nous retraçons les grandes lignes de son histoire.

Le nom patronymique de cette maison était MELLET, devenu plus tard MÉALLET.

Quelques historiens, sur la foi de la tradition, lui donnent comme berceau l'Ecosse, où aurait existé une famille puissante du même nom. Mais il est plus simple de croire qu'elle est originaire de l'importante forteresse de Méallet ou Mellet, dont on voit encore les ruines dans la commune de Fournoulès, près de Maurs, et dont on la trouve en possession dès le XII° siècle.

Peu après cette époque, la famille de Méallet se divisa en plusieurs branches, du vivant de *Nicolas de Mellet*, chevalier, bailli des montagnes d'Auvergne, et de son frère *Guy*, évêque d'Auxerre.

Nous ne nous occuperons pas de ces diverses branches qui, d'ailleurs, sont toutes éteintes aujourd'hui, excepté de celle qu'un cadet forma alors au château fort de Fargues et qui s'y est perpétuée jusqu'à nos jours. Grâce à cette fixité, la famille dont la marquise de Miramon a été, dans ce siècle, la dernière représentante, possède une généalogie aussi ancienne qu'incontestable et que lui envieraient des maisons bien plus illustres qu'elle.

I. ARNAUD DE MELLET, premier seigneur connu de Fargues, vivait au commencement du XIII° siècle. Trois actes attestent son existence. Sa fille aînée épousa le seigneur de DURBAN.

II. RAYMOND, son fils, eut en 1301 des démêlés avec Hugues de Castelnau, baron de Caumont, au sujet de la mouvance du château de Mellet.

III. RAYMOND II ratifia en 1319 avec Astorg de Mellet, son oncle, une vente consentie par Raymond, son père.

IV. ARNAUD II (1352, 1353, 1364, 1366) rendit hommage pour la seigneurie de *Mellet* et celle de *Fargues*, possédées en toute justice, pour des fiefs dans la paroisse de *Leynhac*, pour les mas de la *Goutelle*, de *la Vaysse, del Teilh* et *del Molès*, dans la paroisse de Vitrac.

Un de ses fils, PIERRE, religieux de St-Geraud d'Aurillac et prieur de Jussac, céda à Jean de Cavanac le domaine de la *Junie*, paroisse de Vitrac, et ceux de *Lherm*, d'*Ugniès* et de *Marival*.

V. HUGUES (1390, 1396, 1397, 1408, 1410) céda à Durand de Muratet l'affar de *La Vaysse*, se réservant la justice, donna en investiture à Jean de Cavanac le mas de *Lasplanhes* qui était resté longtemps inculte à cause des guerres. Il eut trois enfants dont deux filles épousèrent, l'une Guillaume de CORNAC, l'autre Pierre de JULIEN.

VI. AYMERIC (1417, 1418, 1420, 1427, 1429, 1445) donna en investiture à Jean de Muratet la terre *del Verdier* et le tènement du *Cambon* ; acheta le fief de la *Rodarie ;* rendit hommage. Il eut trois fils.

VII. PIERRE (1460, 1475, 1481, 1487, 1489) seigneur BARON DE FARGUES, seigneur de *Mellet* et de *Roumégoux*, épousa Marguerite, fille de Pierre de DURBAN, chevalier, seigneur de Roumégoux. Présents au contrat : Pons de Mellet, seigneur de La Salle, au diocèse de *Lectoure*, et Pierre, son fils.

Pierre eut cinq enfants :

JEAN fut protonotaire du St-Siège, abbé de St-Pierre d'Espinham, au diocèse de Bourges, et prieur de Varin, au diocèse de Rodez.

JACQUES fut abbé de Figeac.

BERTRAND, prieur de Cassane.

VIII. LOUIS (1500, 1533) *baron de Fargues*, seigneur de *Mellet*, de *Roumégoux*, de *Pers* et de *Glénat*, capitaine du fort de St-Santin, épousa Antoinette, fille d'Antoine de DURFORT, baron de Boissières, etc., en Quercy.

Il en eut onze enfants, dont deux furent successivement prieurs commandataires de St-Martin de Viviers, au diocèse de Rodez ; un autre entra dans l'ordre de Malte ; une fille épousa Aymeric de CHARRY DE SOUSSY, capitaine de la ville de Tournon.

IX. ANTOINE, *baron de Fargues*, etc., épousa Antoinette de LA PANOUSE. Il n'eut qu'un fils, Guy, qui entra en 1555 dans l'ordre de St-Jean de Jérusalem et qui, avant de partir, fit héritier son oncle Dorde de Méallet.

X. DORDE, *baron de Fargues et de Vitrac*, seigneur de *Roumégoux*, etc., et de *La Capelle en Vézy*, épousa Antoinette de SERMUR, fille de Pierre, seigneur de la *Besseyrette* (1537). Il fut un des cent gentilshommes de la maison du roi et se démit de sa charge en 1562, en faveur de son fils. Il laissa cinq enfants.

XI. JACQUES, *baron de Fargues*, etc, épousa en 1564 Catherine de JOUVENROUX, fille de Raymond, seigneur de la *Trémolière, Rouffiac*, etc., *baron du Chambon* et de *Saint-Georges*. Il fut d'abord gendarme dans la compagnie du m^al de St-André, puis gentilhomme de la maison du roi, enfin capitaine de deux enseignes, commandant de cinquante chevau-légers et d'autant d'arquebusiers, et gentilhomme de la chambre. Il fut l'un des hommes de guerre les plus distingués de l'époque. Le roi Henri III lui écrivit deux fois pour le remercier de sa belle conduite à Maurs, dont il avait forcé les huguenots à lever le siège, et pour le consoler d'une grave blessure qu'il avait reçue.

Il laissa deux fils et six filles.

L'un des fils fut chevalier de Malte.

L'aînée des filles épousa Balthazar de FELZINS-MONTMURAT, cheva-lier de l'ordre du roi.

La seconde épousa Hector de CAZES, seigneur du *Poux de Marcolès*.

La troisième épousa Jean de BOISSIÈRES-NAUCAZET, seigneur de la *Borie*, paroisse de Vitrac et y habitant.

La quatrième s'allia à Béranger de PONTANIER, seigneur de *Con-quans*.

La cinquième à N. de GAUSSERAND, seigneur d'*Antraygues*.

XII. JEAN II, seigneur des mêmes lieux et places que son père, plus *Lieuzargues, Laga, Rouffiac, Planhe, Douzan*, etc., épousa en 1600 Claude, fille de Pantaléon ROBERT DE LIGNERAC, bailli d'épée et sénéchal des montagnes d'Auvergne, et de Louise d'ANJONY.

Il fut gentilhomme ordinaire de la chambre, chevalier de l'Ordre, commandant de soixante hommes d'armes, gouverneur et lieutenant gé-néral du haut pays d'Auvergne.

Il eut seize enfants.

Quatre fils furent tués au service ; un fut chevalier de Malte ; trois formèrent des branches, entr'autres JEAN, époux d'Antoinette Delbos, auteur des Méallet de COURS et des *marquis de l'Estrade, barons de Cof-finhal ;* une fille épousa Henry de ROCHEMONTEIX.

XIII. PANTALÉON, *baron de Fargues*, etc., épousa en 1622 Louise de BRUGIER, fille d'Amable, seigneur de *Véneau* et du *Rochain*, et de Louise de LA RICHARDIE. En 1639 il servait dans le régiment du Terrail.

Il eut sept enfants.

Un fils épousa Gabrielle, fille d'Antoine d'APCHIER et de Jeanne de PONS DE LA GRANGE.

Un autre, HENRY, entra à Malte et devint commandeur de Limoges.

Une fille épousa le seigneur d'ENTRAYGUES ; deux autres furent re-çues comme religieuses dans l'ordre de Malte.

XIV. AMABLE, *baron de Fargues*, etc., se maria deux fois.

En premières noces il épousa Catherine de FELZINS-MONTMURAT, fille du baron de Montmurat et d'Hélène de REILHAC (1661).

En secondes noces, le 23 juin 1673, il s'allia à Marguerite de LA-

PARRA, fille du seigneur de Varboulèze et de Marie de LA RONNE et sœur de l'illustre émule de Vauban, le lieutenant général Laparra de Fieux.

Du premier lit naquit un fils, marié contre le gré de son père à Catherine d'AYROLLES, et dont la postérité est éteinte; et un second fils, Louis, qui a continué la descendance.

Du deuxième lit naquit LOUIS-GASPARD, marié à Catherine de LA CARRIÈRE, et dont la fille unique épousa Guillaume de SALVERT, baron de la RODDE, lieutenant général.

XV. LOUIS II, COMTE DE FARGUES, *baron de Vitrac,* etc., se maria trois fois.

Sa première femme fut Christine de LAROQUE-SENNEZERGUES ; la seconde fut Jeanne de CAYSSAC, fille du m^is de *Sédaiges* et de Marie de PESTEILS ; enfin la troisième avait nom Marie de POUJOLS.

Du premier lit naquirent :

ANTOINE, chevalier, *baron de Vitrac,* garde du corps de S. M. (1720), qui servit en Espagne dans le régiment de Miranda-cavalerie et mourut jeune en léguant ses biens à son demi-frère Jean-Joseph, depuis évêque de St-Claude. Il avait épousé Gabrielle, fille de François d'APCHIER, seigneur de Chaudesaigues.

FRANÇOISE, mariée à Jacques de BONAL, chevalier, et mère de Mgr de Bonal, évêque de Clermont.

Les enfants du second lit furent :

JEAN, chevalier de Malte, commandeur de la Vaux-Franche et d'Olloix, receveur de l'Ordre au grand prieuré d'Auvergne : celui-là même qui présida à la réception du comte Louis-Alexandre de Miramon, dans l'ordre de Malte. En 1748 il livra aux Algériens un combat naval dont il sortit vainqueur et qui eut un grand retentissement.

JOSEPH, abbé, comte de Lyon (1725), maître ès-sciences et arts de l'université de Paris ; abbé de St-Ambroise de Bourges (1736) ; grand vicaire de Lyon (1739); député et syndic de la chambre souveraine du clergé; évêque et comte de St-Claude (1740) où sa mémoire est encore en vénération; conseiller du roi en tous ses conseils. Ce fut lui qui fit faire à Fargues les réparations qui existent encore dans le style Louis XV.

GABRIELLE épousa Louis de PESTEILS, baron de la Chapelle et Chadirac.

XVI. ANDRÉ, *comte de Fargues, baron de Vitrac,* MARQUIS DE MONTEILS, seigneur de *Rouffiac, Reilhac, la Perle, Roumégoux, Glénat, Pers, Toursac, Barriac, le Rieu, la Roquette, Villerayres,* etc., chevalier honoraire de Malte, capitaine dans Bourbonnais-infanterie, démissionnaire et chevalier de St-Louis.

Il hérita des biens de l'illustre maison de *La Valette-Parisot et Cornusson.*

Il épousa françoise, fille de Pierre de BÉRAL, seigneur de *Massebeau,* et de Madeleine de CAYSSAC-SÉDAIGES, dont il eut sept enfants :

(a) Le chevalier de FARGUES, commandeur de l'ordre de Malte, co-

lonel des dragons de Fargues à l'armée de Condé, après la mort de son
frère aîné qui avait levé ce régiment à ses frais.

(b) Le chevalier de BARRIAC, reçu à Malte commandeur et grand
maréchal de l'Ordre.

(c) Le commandeur de St-GENIÈS, chevalier de Malte, lieutenant-
colonel de cavalerie, directeur des haras d'Aurillac.

(d) L'abbé de MONTEILS, grand vicaire de son cousin Mgr de Bonal
à Clermont, massacré aux Carmes, le 2 septembre 1792.

(e) CATHERINE, marquise de LÉOTOING-D'ANJONY.

XVII. JEAN-JOSEPH, *marquis de Fargues,* etc., colonel-propriétaire à
l'armée de Condé du régiment de Fargues-dragons ; aîné des fils d'André.
Il épousa en 1774 Victoire, fille du comte de PONS DE BELLESTAT, et de
dem^{elle} de BESSUÉJOULS DE ROQUELAURE, dont :

HENRY, émigré, chef d'escadrons de cavalerie démissionnaire, mort
sans alliance.

XVIII. JOSEPH, *comte de Fargues,* né en 1777, mort en 1818, maire
de Lyon, député du Rhône, commandeur de la Légion d'Honneur, chevalier de St-Louis et de plusieurs ordres. Il avait épousé en émigration
dem^{elle} de BALLAND D'ARNAS, nièce de *Fay, baron de Sathonay,* prévôt
et gouverneur de Lyon.

Il ne laissa que deux filles : la marquise de *Virieu-Pupetières* et la
MARQUISE DE MIRAMON, qui apporta entr'autres choses à son mari le
château et la terre de Fargues.

L'existence de Fargues nous est connue depuis le commencement du XIIIe siècle, époque à laquelle il était possédé déjà par la
famille de Méallet, qui l'avait sans doute reçu par alliance et ne paraît
pas l'avoir occupé la première.

La seigneurie de Vitrac lui appartenait déjà à cette époque, ainsi
que la suzeraineté des châteaux de *Laborie,* du *Mas,* de *Solignac,* de
Conquans, de *La Carrière,* d'*Entraygues,* de *Faulat,* etc. Il avait en
outre plusieurs droits de péage, au sujet desquels les Méallet eurent
de fréquents et longs démêlés avec les vicomtes de Carlat.

Dans les vieux titres, et dès le temps où pour la première fois
il est question du château de Fargues, on le trouve désigné sous le
nom de *forteresse près de Vitrac.* Un hommage d'Arnaud II de
Méallet, en 1353, nous apprend que de larges fossés entouraient alors
le manoir, reflétant dans leurs eaux ses quatre tours et son donjon.

Pendant les luttes contre les Anglais, le château, considéré
comme place de guerre, reçut une forte garnison de troupes du
gouvernement.

Plus tard, durant les troubles religieux du XVIe siècle, Fargues
fut tellement maltraité que l'on dut le reconstruire en partie, en
1581.

Mais la plupart de ces nouvelles constructions furent jetées à terre vers 1745, par l'évêque de Saint-Claude, qui, à côté des restes du château primitif encore bien conservés, éleva un grand corps de logis, flanqué à ses extrémités de deux ailes avancées dans le genre Louis XV. La partie ancienne de l'édifice, composée du donjon carré, d'une tour et d'un bâtiment comprenant le vestibule d'entrée actuel et peut-être la salle à manger, fut enclavée dans les nouvelles bâtisses.

Aujourd'hui encore Fargues a conservé la forme que lui donna l'évêque de Saint-Claude ; mais il n'a plus la même élévation depuis qu'il a été découronné par la Révolution.

La municipalité de Vitrac, suivant les instructions du département, fit procéder à la démolition avec ordre et en quelque sorte légalement ; car les seigneurs de Fargues étaient aimés et respectés dans toute la vallée.

Voici à ce sujet les fragments d'un document assez curieux que nous relevons dans l'ouvrage si intéressant de M. Taine, sur les *Origines de la France contemporaine :*

« Nous Maire et officiers municipaux de la paroisse de Vitrac, nous nous rassemblâmes hier (12 mars 1792) pour suivre l'exemple des paroisses voisines à l'occasion de la démolition des châteaux. Nous nous sommes transportés à la tête de notre garde nationale et de celle de la Salvetat, au château de Fargues. Nous commençâmes par arborer l'étendard national et à démolir..................... La garde nationale de Boisset, ne se modérant point dans le boire et le manger, entra dans le château, s'y comporta avec la plus grande brutalité : Car, soit pendules, glaces, portes, armoires, vitres, papiers, enfin tout ce qui se rencontrait devant eux, rien ne fut ménagé. »

Il paraît qu'à la fin un des serviteurs du château, outré de voir un de ces brigands qui défonçait les tonneaux de vin à la cave, le blessa grièvement d'un coup de hache. Ses camarades, effrayés de cet acte énergique et voyant que la majorité de la population de Vitrac était indignée de leur conduite, jugèrent prudent de se retirer, emportant toutefois leur butin.

Fargues, vendu nationalement, fut acheté par un sieur Courbaize, de Vitrac, qui le revendit plus tard à la famille de Méallet.

Au début de la Révolution, le château fut le lieu de réunion de la noblesse du pays, qui vint plusieurs fois s'y concerter pour opposer quelque résistance au flot envahisseur. Puis, lorsqu'on eut reconnu que tous les efforts étaient inutiles et que la position n'était plus tenable, c'est là que l'on décida l'émigration en masse et que l'on forma les cadres du régiment des dragons de Fargues, dans lequel servirent la plus grande partie des gentilshommes du pays.

Tous les hommes de la famille émigrèrent. Il ne resta au château qu'un vieillard de quatre-vingts ans, André, comte de Fargues, que son grand âge avait empêché de suivre ses fils. Il mourut le 1er janvier 1792 ; et sa mort donna lieu à un incident qui dénote l'état des esprits à cette époque et dont nous extrayons le récit des registres des archives départementales :

« .... Le vicaire de Vitrac et celui de Boisset firent l'enlèvement du cadavre qui était sur la terrasse, sans qu'il s'y trouvât aucun membre de la famille, ni domestique, les portes du château étant fermées. L'inhumation eut lieu dans le cimetière de la paroisse de la manière accoutumée. Vers les deux heures le bruit se répandit qu'à la place du cadavre du sr Méallet de Fargues, le cercueil ne contenait que des pierres ou billots de bois ou autres simulacres de ce genre; et le peuple se portait en foule vers le cimetière pour faire l'exhumation. La municipalité y mit une garde et recourut sur le champ à l'administration du département pour savoir la conduite à tenir ; et dans l'intervalle les domestiques du sieur Méallet vinrent faire bonne garde. Le mercredi, les gardes nationales des paroisses voisines, apprenant ce bruit, vinrent pour faire l'exhumation et vérifier le cercueil. Pour prévenir tout acte de violence, la municipalité crut prudent de procéder à l'exhumation. Et pour conserver quelque décence, on pria M. le curé de s'y transporter............ Et après qu'on eut constaté que le corps était réellement dans le cercueil, la fosse fut recouverte........... Le curé prononça un discours des plus touchants, et le peuple se retira ensuite sans tumulte. »

La veuve d'André de Méallet, née Béral de Massebeau, et sa fille Iphygénie furent arrêtées à Lyon et écrouées le 15 décembre 1793, par ordre du comité central révolutionnaire. Mises en jugement, elles furent acquittées par le tribunal criminel du Cantal, le 9 mars 1794, et détenues jusqu'à la paix. Cependant Iphygénie fut mise en liberté comme étant au-dessous de l'âge d'accusation.

Puisque je parle de faits qui se sont passés sous la Révolution, je tiens à citer un document qui est un titre de gloire pour la maison de Fargues. Je veux parler du passage qui la concerne dans la liste de proscription dressée par Carrier, liste que M. Delmas, curé doyen de Vic, a eu l'amabilité de me communiquer. Le farouche proconsul y désigne à la mort tous les membres de la famille de Fargues, et souligne le nom de chacun d'eux de deux grosses raies deux fois barrées : c'était là le signe habituel dont il se servait pour indiquer que l'exécution était urgente et ne devait pas souffrir de rémission. En regard des noms se trouve la mention suivante : « *Ex-nobles, les plus dangereux du Cantal, ont donné le premier signal de la contre-révolution et de l'émigration. C'est dans leur ci-devant château que se tenaient les conciliabules clandestins et nocturnes de la ci-devant*

*noblesse du Cantal, pour y tramer des complots contre la liberté
et la Révolution. Les patriotes insurgés contre les ci-devant nobles,
s'étant portés à ce repaire, trouvèrent le château rempli d'armes et
de munitions, les ex-nobles s'étant enfuis à leur approche. Tous les
fils de cette famille sont émigrés. »*

Après la Révolution, le château fut racheté par le comte de
Fargues, maire de Lyon, et donné par lui en usufruit à ses deux oncles, les commandeurs de Fargues et de Saint-Geniès. Après la mort
de ceux-ci, le marquis et la marquise de Miramon, qui habitaient le
château d'*Arnas*, dans le Lyonnais, vinrent passer la belle saison à
Fargues et s'appliquèrent à le tirer de son état de délabrement et
d'abandon : d'importantes réparations furent exécutées dans le château par le marquis et continuées par son fils, à qui l'on doit en grande
partie la distribution nouvelle et l'ornementation du rez-de-chaussée,
tandis que la comtesse, sa femme, née de la Bouillerie, qui connaît
aussi bien l'art de modeler la terre que celui de broder les étoffes et
d'enluminer les vieux bahuts, l'a peuplé de peintures et de statuettes,
de tentures et de bustes dont plusieurs ont figuré avec honneur aux
expositions de Paris, de meubles de toutes espèces et de toutes formes, agréable collection qui s'accroît encore de jour en jour.

Mais le travail le plus considérable a été la création du parc,
d'environ cinquante hectares, clos de murs. La marquise de Miramon
a su tirer admirablement parti de ce joli coin de la terre d'Auvergne,
où l'art a si peu de chose à faire pour embellir la nature, et y a ménagé les plus heureux contrastes : ici des grottes et des cascades, de
hautes futaies que le soleil ne peut percer, des ravins silencieux avec
leurs ponts rustiques et de mélancoliques allées ; plus bas de larges
avenues, des massifs d'arbres étrangers, un lac où se reflètent de
loin, comme en un miroir fidèle, la façade du château et son donjon
carré ; de vastes prairies qui se déroulent en pente douce au-dessous
de la terrasse et que traverse capricieusement une petite rivière ;
vertes pelouses sur lesquelles le regard glisse gaîment en se repor-
tant sur l'amphithéâtre des collines qui ferment la vallée.

La terre de Fargues, extrêmement morcelée, a été reconstituée
pièce par pièce. Le comte de Miramon-Fargues, son propriétaire
actuel, vice-président de la Société d'Agriculture du Cantal, y a exé-
cuté de grandes améliorations agricoles et a transformé en forêts de
pins de vastes et stériles étendues de bruyères. De nombreuses mé-
dailles, des objets d'art, et enfin la prime d'honneur, obtenue au
concours régional de 1874, ont été la récompense de ses travaux.

PRINCIPALES TERRES EN ROUERGUE

Cassagnes-Comtaux. — Si nous avons parlé tout d'abord de Miramon, parce que c'est à cette terre importante que notre maison a emprunté son titre principal et le nom sous lequel elle est le plus généralement connue aujourd'hui, mais nous n'avons garde d'oublier les lieux qui ont été son berceau et dont elle porte le nom depuis plus de huit siècles.

Le bourg de Cassagnes est bâti sur le flanc de la gorge abrupte qui relie Clairvaux à la commune de Valady, dans le canton de Marcillac. Un promontoire rocheux se détache en une légère saillie et surplombe à pic, d'une hauteur énorme, au-dessus du ruisseau qui coule au fond du vallon. Sur cette étroite plateforme la ville entassée affecte la forme d'un cône dont le sommet est formé par l'église, bâtie à la place de l'ancien château, sur un gros rocher, autour duquel elle s'enroule et se serre comme autour de son protecteur séculaire.

En face de Cassagnes se dresse fièrement un pic aux pentes ardues que le château de Panat couronne de sa masse de pierre. Les deux castels, comme deux lions d'égale taille, accroupis vis-à-vis l'un de l'autre et qui se tiennent en respect, se sont regardés pendant de longs siècles par dessus l'abîme qui les séparait. De leurs luttes intestines, s'il y en eut, aucun fait n'a transpiré ; mais nous possédons au contraire plusieurs documents qui attestent les bons rapports de leurs seigneurs et leurs fréquentes alliances. Nous n'avons vu nulle part que leurs troupes se soient jamais heurtées au fond du vallon, ni qu'aucune collision ait ensanglanté les lieux où, en témoignage de leur union dont elle était le fruit, la petite ville de Clairvaux florissait avec son riche monastère, ses hautes maisons en granit rouge, ses rues tortueuses où les pignons surplombent et se rejoignent, au centre de « l'agréable vallon, environné de montagnes, couvert de vignes, de prairies et entrecoupé de ruisseaux », qu'a décrit si exactement la charte du *Liber mirabilis*.

Au xiᵉ siècle, Cassagnes était le siège d'une vaste seigneurie dont dépendaient, suivant toutes les apparences, les mandements de *Miramon*, *Rignac* et *Moyrasès*. Mais dès la fin du même siècle, la terre fut démembrée et partagée entre les héritiers des deux frères Hugon et Rigald. Le mandement même de Cassagnes finit par se diviser, d'abord entre les membres de la famille, puis entre des étrangers qui, par héritages ou par achats, devinrent propriétaires de diverses portions. A partir du XIIIᵉ siècle, des actes de toutes espèces mentionnent une foule de co-seigneurs de Cassagnes-Comtaux. La vieille forteresse féodale, perchée sur le rocher, était entrée, on ne sait comment, dans le domaine des Comtes de Rodez. Au-dessus, on avait bâti un autre château qui appartenait aux d'Hébrard de Saint-Félix. Enfin, la branche de la maison de Cassagnes, établie au Cayla, possédait dès le XIIIᵉ siècle un manoir situé au bas du bourg, confrontant avec la maison du vénérable chapitre de Rodez, appelée le Capitoul. Ce castel, qui prit le nom de *Flars*, après qu'il eut été transmis par alliance à la maison de Mancip, se composait, lors des premières opérations du cadastre, de « tours, salles, prisons, etc. » Il rentra dans la maison de Cassagnes au XVIᵉ siècle par le mariage de Jean avec Marie de Mancip-Beaufort, et finit par devenir le siège de l'entière seigneurie du bourg et de son mandement. Jean, seigneur de Cassagnes, sénéchal du Quercy, fils de Camille de Pesteils, qui vécut jusqu'aux environs de 1683, avait longtemps habité Flars. Mais, lorsque dans le premier quart du XVIIIᵉ siècle, le marquis Alex.-Emmanuel vendit la seigneurie, il y avait longtemps que le château se dégradait faute d'entretien. Aujourd'hui, il reste à peine des ruines de toutes les demeures seigneuriales qui ont existé à Cassagnes-Comtaux.

Le Cayla de Moyrasès. — Ce fief mérite aussi une mention spéciale ; car il est le berceau de l'unique branche de la maison de Cassagnes, qui existe encore.

Son premier seigneur connu a été Charles de Cassagnes, époux d'Henriette de Saunhac, en 1111. Le père de celui-ci, Guillaume, possédait Moyrasès, et fut peut-être également l'auteur de la maison de ce nom qui s'éteignit de bonne heure et par ricochet dans la branche du Cayla.

Le château est situé dans une gorge, au-dessous de Moyrasès, à 15 kilomètres environ de Rodez.

Ses grands corps de bâtiments démantelés partout, parfois à demi écroulés et qu'un épais revêtement de lierre semble seul maintenir debout, ses tours découronnées, auxquelles des amas de genêts tiennent lieu de toiture, sa masse sombre qui se dresse dans l'encadrement d'un paysage plus sombre encore, sur le bord d'un précipice, au fond duquel l'Aveyron gronde à plus de 200 mètres de profondeur : tout ce tableau, empreint d'une poésie sauvage et désolée, laisse au cœur une pénible impression de grandeur déchue et d'éternel abandon. Du reste, ces ruines mêmes tendent à disparaître, car, chaque année, le propriétaire fait démolir quelque portion de bâtiment. Malgré cela, on se rend parfaitement compte du plan et de la distribution du château, tel qu'il était au moment de la vente, vers 1700. Quatre grands corps de logis, terminés à leurs quatre coins par une grosse tour ronde, enfermaient entre leurs murs une cour spacieuse. La façade principale, qui domine l'Averyon, était séparée en deux parties à peu près égales par le donjon carré dont il existe encore trois étages et qui était flanqué lui-même d'une tour de même forme, quoique de dimensions moindres. Dans un des angles intérieurs sont les restes d'une tourelle. En face du donjon, une sorte de grande porte cochère, pratiquée sous le corps de logis opposé, donnait accès dans la cour du château, tout contre la chapelle, qui sert aujourd'hui de grange. Environ à 60 mètres en avant s'élevait la première enceinte avec sa porte fortifiée où l'on voit encore les traces du pont-levis, des restes de machicoulis, de créneaux et les ruines d'un corps de garde.

Le Cayla était considéré au moyen-âge comme une place forte importante : car nous possédons dans nos archives un ordre du Gouvernement enjoignant à Jean de Cassagnes de prendre 100 arquebusiers pour la défense de son château.

Au rez-de-chaussée d'une des tours qui servait d'oratoire, on distingue des débris de peintures à fresque au milieu desquelles se détachent assez distinctement les armoiries des Cassagnes et des Pesteils ; de ci, de là, quelques belles cheminées ont conservé sur leur manteau de pierre l'écusson des anciens seigneurs. Au-dessous des bâtiments sont pratiqués des souterrains et des caves. Dans l'une d'elles on montre un fort crochet de fer fixé au sommet de la voûte, auquel les paysans du lieu racontent, comme toujours, que le seigneur haut-justicier avait la douce habitude de pendre les gens pour des motifs futiles.

Le Cayla ne devint que vers 1500 le chef-lieu de l'entier mandement de Moyrasès : c'est à cette époque qu'on le trouve pour la première fois qualifié de baronnie et que ses propriétaires commencèrent à en prendre le titre. D'ailleurs le nom du Cayla s'était si bien identifié avec celui de Cassagnes, que souvent il précédait celui-ci et que certains membres de la famille, entre autres Antoine, mari de Mlle de Cazillac, et son père Jean, ne sont guère désignés autrement. La fille de Mlle de Brezons, qui était abbesse de monastère, signait « Mme du Cayla » ; et Claude-Jacques-Joseph, du vivant de son père, portait le titre de *marquis du Cayla*.

Alexandre-Emmanuel vendit, au commencement du xviiie siècle, cette terre, qui fut achetée plus tard nationalement. Depuis elle a passé de mains en mains, et ses débris appartiennent aujourd'hui à une famille de paysans qui habite les ruines du château.

Il y avait à Moyrasès une forteresse, entièrement démolie aujourd'hui, qui a appartenu aux évêques de Rodez et à la maison de Cassagnes.

Servières, chef-lieu d'une ancienne baronnie, possédait, au moment où il entra dans la maison de Cassagnes, un château fort, dont on voit encore les ruines près de Villecomtal, dans le canton d'Estaing. Il y avait autrefois en ce lieu deux châteaux, dont l'un appartenait aux comtes de Rodez. Mais la seigneurie entière était réunie de nouveau entre les mains de la famille de Servières, quand l'héritière de cette maison, Isabeau, veuve d'Étienne de Favars, légua ses biens à Jacques de Beaufort.

Rodelle est situé sur la crête d'une étroite colline qui se détache des parois de la vallée et s'avance comme un long promontoire défendu par des pentes abruptes. A son extrémité s'élève un énorme rocher de forme cubique, dont la coupure à pic, se prolongeant jusqu'à la base du tertre qui lui sert d'appui, présente un effrayant précipice. C'est sur ce roc qu'était situé le château des comtes de Rodez, qui fut confisqué sur les d'Armagnac par Louis XI.

Celui-ci, pour récompenser la maison de Beaufort des services de laquelle il avait eu à se louer, lui fit don de la plus grande partie de la seigneurie. Or, la châtellenie de Rodelle comprenait soixante-six villages ou hameaux qui en relevaient en toute justice.

Non loin de là se trouvaient les fiefs de *La Raffatie* et de *La Séguinie*.

Rignac est un chef-lieu de canton de l'Aveyron, ancienne ville forte et importante.

A l'origine, la maison de Cassagnes posséda la seigneurie, qu'elle partagea bientôt avec les Belcastel, puis avec les comtes de Rodez. Nous avons vu qu'une de ses branches avait même très probablement pris le nom de la seigneurie. Plus tard nous trouvons deux actes dans lesquels le sénéchal Brenguier de Cassagnes est qualifié de co-seigneur de Rignac. Les Beaufort en devinrent co-seigneur à leur tour, peut-être encore par suite de la confiscation des biens des d'Armagnac, qui possédaient la plus grosse part. C'est par eux que les Cassagnes du Cayla reprirent possession de Rignac, dont ils devinrent plus tard les seigneurs uniques.

Flanhac était un fief très important dans le canton d'Aubin, dont il ne reste rien aujourd'hui.

Il fut donné à Hector de Beaufort en même temps que le Mur-de-Barrez, après la confiscation des biens de la maison d'Armagnac. Les Cassagnes l'ont conservé jusqu'en 1700.

Les Crouzets. — Cette seigneurie entra de bonne heure dans le domaine de la maison de Cassagnes : car elle appartenait au sénéchal Brenguier. Elle passa peu de temps après aux évêques de Rodez ; et fut vendue plus tard pour la rançon de François Ier. A cette époque, elle fut probablement achetée par Jean de Cassagnes, premier baron du Cayla, dont le fils cadet, Clémens, prend dans tous les actes le titre de seigneur des Crouzets. La postérité de celui-ci s'éteignit avec une vieille fille qui vendit, vers 1655, la terre et le château au duc d'Arpajon.

Veyrières. — Nous n'avons pu recueillir aucun renseignement sur cette vieille et importante terre de famille, qui vint à la maison de Cassagnes par héritage des Saysset. Nous savons seulement que c'était un fief considérable avec titre de baronnie, dans le canton de Saint-Beauzély.

TABLE

des

PRINCIPAUX MEMBRES DE LA MAISON DE CASSAGNES

———⊶⊶⊶———